ヤマケイ文庫

新編 名もなき山へ 深田久弥随想選

Fukata Kyuya 深田久弥

Yamakei Library

目次

I　山へのいざない

II　私の名山

III　静かな山旅

I　山へのいざない

山と日本人

わが国にはどこへ行っても山の見えない所はない。試みにある町の町歌や校歌を取ってみるがよい。大(たい)ていはその町から見える山が、第一節目に取り入れられている。どこの都市や町村にも、そこの人々を守護神のように見おろしている山がある。人々は明け暮れその山を仰いで、知らず知らずのうちに影響を受けている。

岩手山はドッシリと重みのある山だが、岩手人の牛のような粘りのある性格は、その影響かもしれない。剱(つるぎ)岳は鋭くはげしい岩の峰で、越中人の進取的気象は、それによって形成されたと見なされよう。

山の見えない所といえば東京くらいなものだろう。東京からも遠く秩父(ちちぶ)や上越の連山が見えないことはないのだが、明け暮れ仰ぐというにはあまりに遠すぎる。まだ東京の空が今日のように煤煙で汚されなかった時代には、筑波山や富士山がよく見えた。都心に富士見町や富士見坂という名が多く残っていたり、江戸名所図会のバックに富士山が描かれていたりするのはその証左である。

*

　フランスの作家のスタンダールは、青年時代に故郷の山国のグルノーブルからパリに出てきて、パリからは山が見えない、いやな所だ、としきりにその日記の中でこぼしているが、実際山を見慣れた土地から、山の見えない都市へ来た時の、何か拠りどころのない索莫とした気持は、よく察しられる。

　高村光太郎の「智恵子抄」の智恵子は、東京には空がない、と歎いて、故郷の安達太良山をしきりに恋うた。安達太良山は万葉集にも詠まれた美しい山である。その山を仰ぎながら少女時代を過した智恵子には、気持のやりきれなくなった時には、その山が見たくて堪らなかったのだろう。

　私は東京に住みながらよく東京の悪口をいうが、実際この雑駁な大都市の何よりの欠点は、心の拠りどころとなる山のないことである。戦後私は数年を金沢で過ごしたが、思いの鬱した時には、家のすぐ近くの浅野川のほとりに出て、川上の山を見るのが常であった。山を見ながら私は心のやすらぐのをおぼえた。東京にはそれがない。この大都市がただ取りとめもなくだだっ広いだけで、無性格なのは、山がないからだと思う。

山の影響がどれくらい大きいか。その一番大きな例は富士山であろう。山部赤人（やまべのあかひと）によって「天地（あめつち）の　分れし時ゆ　神さびて　高く貴き　駿河なる　不二の高嶺（たかね）を　天（あま）の原　ふりさけ見れば……」と歌われて以来、この清秀な山は日本人と宿命的に結ばれてしまったように私には思われる。万葉集以後のわが国の古典、竹取物語、更科（さらしな）日記、伊勢物語、十六夜（いざよい）日記なども、富士山を取り入れることを忘れなかった。富士山を詠んだ漢詩や和歌や俳句、歌謡や小歌の末まで入れたら、どれくらいの数になろうか。

文学だけではない、富士山を描いた絵画もまた無数である。北斎や広重の昔から、横山大観や梅原龍三郎の今日まで、画壇の巨匠は大抵この山と取り組んでいる。悠然として寛容な富士山は、万人の摂取に任せている。富士山の絵は幼童でも描くが、その真諦は巨匠もつかみあぐねている。それくらい無数の美をそなえて大きくそびえている。

日本人の思想や情操に、どれくらい富士山が大きな役割りを占めたか、計り知れないものがある。安価な誤った国粋主義に悪用されたこともあっただろうが、富士山はもっと有意義に日本人の心に広く深く沁（し）みついている。海外から船で帰ってきて、まず遥かに富士山を見た時、涙が溢（あふ）れてきたという告白をしばしば聞くが、それほど富士山は日本人にとって有難い山である。もし富士山がなかったら、日本の歴史はもっと別なものになっていただろう。

わが国の各地に蝦夷(えぞ)富士、津軽富士、讃岐(さぬき)富士、薩摩富士、といったふうに、富士山の形をした美しい山がある。日本人が古くから山を崇(あが)めて、そこに神を祀(まつ)ったりしたのも、山の形が優美で高雅だったためだろう。世界中で昔から登山の風習の一番盛んだったのは日本である。欧州のアルプスなどに登山が行なわれだしたのは十八世紀の後半になってからである。それまでは山は悪魔の住む所とされていた。

*

西洋では山に挑戦するとか征服するとかいうが、日本にはそんな言葉は生まれなかった。お山詣(まい)りは六根清浄(ろっこんしょうじょう)の場であった。山に対抗するのではなく、山に帰依(きえ)するのであった。闘争ではなく親和であった。それは日本の山がおのずからそんな感情を起こさせるような、優しく崇(たか)らかな姿をしていたからであろうが、また一つには日本の山が微妙な美しさを持っていたからにもよろう。

四季の移り変りによって、山はその装いを改める。新緑、紅葉、新雪と移り行く美しさはもちろんだが、さらにその上に気象的な複雑な変化がある。その美しさにニュアンスを日本ほど敏感にさとる国民は他にないだろう。

たとえば雨の種類にしても、時雨（しぐれ）、夕立、卯（う）の花くたし、五月雨（さみだれ）という風に、それぞれ区別して感じ取る。雲にしても、豪快な入道雲から繊細な鱗雲（うろこぐも）まで、あらゆる形と色とを見ることができる。日本の芸術や思想が自然と深い関わりを持っているのも当然である。

「雲霧のしばし百景をつくしけり」というのは芭蕉が富士山に向かって詠んだ句であるが、富士山に限らない、すべての日本の山はそういう変化の美を持っている。そしてそのデリケートな美しさに対する敏感さ、これこそ世界に類のない、日本人の一番大きな無形の宝であろう。

山と私

イギリスの詩人にして画家ウィリアム・ブレークにこんな詩がある。易しい英語だから原文でお読み願おう。

Great things are done when men and mountains meet;
This is not done by jostling in the street.

これはきっと大登山家について言われたのだろう。私など何べん山へ行っても「偉大なことがなされた」と思ったためしはない。

われわれ山岳党にとって仕合わせなことには、古来、大文学者や大思想家が山岳をほめたたえ、登山行為に私など考えたこともない高い価値をつけてくれている。そんなものを読んでつい私などいい気になってしまうが、事実はそれほど思いあたるふしはない。

「山と人生」とか「山と文学」とかいう題の原稿や講演を時々私は頼まれるが、私は困ってしまう。登山という単純率直な行為を、私は人生とか文学とかいう物々しいものに結びつけて考えたことがない。たまには抽象的な理屈をつけてみようとするのだが、どうもしっくり来ない。しょせん私などは高村光太郎の「山へ行き何をしてくる山へ行きみしみし歩き水飲んでくる」の類か。

私の登山趣味は少年のころに始まり、五十を越えた今に続いている。一番よく山へ行ったのは学生時代だが、世の中へ出てからも一月（ひとつき）に一ぺんは行かないと気がすまなかった。今でも行く。おそらく足腰の立たなくなるまで続くだろう。

私などの年ごろになると、ゴルフの道具を網棚にあげて二等車に収まっているのが似合うのであって、きたないリュックをかついでいそいそ出かける態（てい）たらくは、何とも子供っぽくて気がひける。三等車は立ちん坊の場合が多く、あたりを見まわすと元気な青年子女ばかりである。

そういう山登りが私の人生に何をプラスしたか。自分ではわからない。明治時代の志賀重昂は漢文調で、登山は気宇を広大にし、意気を高邁（こうまい）ならしめると言っているが、私など山へ登ってきても、相変わらず俗人で、浮世の煩悩（ぼんのう）が絶えず、一向（いっこう）人格向上のあとが認められない。

大ていギリギリまで原稿を書いていて、大急ぎで山へ出かけるのが常だが、せっかく調子づいてきた頭脳の文学的回転が、それで中止される。山から帰ってくると、大食漢となり精力は増進し、本を開いても行と行とが重なってモウロウとして見える始末である。再び元の回転を取返すまでが容易でない。

かつて私はこれを動物精気（エスプリ・ザニモオ）と呼んだ。自分の中にしなびかかった動物をよみがえらせるのである。山へ行ってその精気を充電してくるのである。しかしそれも言葉のアヤで、果(はた)してどんな効果があったのか、自分ではわからない。

要するに私は山が好きだから山へ行くのだろう。純粋な山好きの青年のような一途(いちず)な情熱のみとは言い難いが、とにかく山へ入ると私は楽しくなる。私は欲が深いからいろんな種類の楽しみを追うけれど、山を歩いていると、これが至上の幸福ではないかという気のすることがある。

山が好きなのは生れつきの性質からではなく、ある動機から山へ行くようになり、それを何十年も続けているうちに、山と慣れあいになって、もう抜き差しならぬ間柄になってしまったのだろう。一つの習性のようになって、高い所があると上ってみずにはおれなくなったのだろう。

中国へ戦争に行ったとき、私は終始野戦小隊長で、前進してある地点を占拠すると、私はきっと陣地構築を命じられたものだが、そんなときでも小哨(しょうしょう)だの複哨だのの配置に、少しでも小高い丘に登るのが、大へん楽しかった。今でも私は空気のよく澄んだ夕方など、近くの明治大学予科の四階の体育館の屋上へ上って行く。窪地をへだててそこからは実によく山が見える。

登山のおかげで、私はすばらしい景色をながめる幸福に恵まれた。霧の巻き上る深い渓谷や、夜明けの色の微妙に変って行く頂上を見た目には、どんなに人が推賞しても普通の名勝などは、物足りない。私はよく山の紀行文を書くが、風景の描写になると、筆を投げてしまう。正確な描写をしようとすると、辛抱強くたくさんの事を書かねばならないからだ。そんなことをしたって、実際の景色から受けとる強さには到底かなわない。

だんだん感動することの少くなってきた年齢になって、山の景色だけはいまなお私を少年のように感動させる美と力を持っている。

初夏の山旅

山登りには四季それぞれの特色があり、それぞれの楽しみがあるが、自然の恵みの豊かさという点では、初夏が第一であろう。

まず太陽の恵みだ。一年中で一番日のながい時である。優に冬の日の二倍分はある。だから冬のようにガツガツと一刻も時を惜しむ、あのあわただしさがない。

朝小鳥のさえずりを聞きながら目ざめるころには、もうとっくに夜は明けている。もしそれが露営の一夜であったなら、この朝あけほどさわやかなものはない。テントの垂れを押しのけて外に出る。冷ややかな早朝の空気が肺の底までしみ渡る。あたりはまだあお味を帯びた乳色で、その中に森羅万象が静かに息づいている。太陽が稜線に現われて、新しいきょうの活動の開始を告げるまでの、力をはらんだ時期のひとときである。

同様に日の暮れるのもおそい。暗くなるのを恐れてあせる必要はない。その日の泊り場について夕飯をすましてからでも、また一散歩できる。夕づきはじめてから、すっきり暮れてしまうまでのたそがれの長さ。その間に移り行く自然の陰影と色彩の微妙さ。

頂(いただき)ちかくの小屋に泊ったときは、たいてい夕飯後に山のうえまで登ってみる。音一つない静かな山頂に腰をおろして、自分のいまいる山の形が目の前に大きく倒れているのをながめる。次第に遠くの山から暮れて行き、やがて薄やみが自分の周りを包むまであかず空をながめ、山をながめる。

――なべて頂にのみ憩ひあり……

ゲエテの詩の一句がこの時ほど身にしみて感じられることはない。

――なべて頂にのみ憩ひあり、なべての梢(こずゑ)にそよとの風もなく、小鳥は森に黙しぬ。待てよ、しばし、やがて汝(なんぢ)もまた憩はむ。

つぎに、初夏の山旅の恵みは、快よい晴天のつづくことだ。もう少しおくれると梅雨がやってくる。天は来らんとするこの陰鬱な降雨期にたいする代償のように、さんさんたる光線を惜しげもなくわれわれの頭上にそそいでくれる。しかもそれは真夏の晴天のような湿度を持たずカラリとして清澄である。加うるに木々の緑は生々潑剌(はつらつ)としているし、谷川の流れは雪解けの水を加えて旺盛である。万物が躍動の途上にある。

さらにわれわれは初夏の登山で、季節を逆にたどることができる。風景の一番変化に富んでいるのはこのころだ。ふもとはすでに夏の装いであるが、登るにしたがって春の気配になる。木の芽はもえでたばかりの淡緑で、谷や山のくぼみにはまだ雪が残っている。

その残雪が次第に多くなって、高い山や北の山では頂上はベッタリと雪におおわれている。初夏の山頂で私は降雪に襲われた経験さえある。つまりわれわれは夏から冬までの自然の推移を高さにおいてみることができるのである。

山のたべもの

私が山菜の大好きなことを知っている信州大町のK君は、毎年季節になると必らずコゴメを菓子箱一ぱい送ってくれる。山の雪もようやく消え始めてきました。という便りの代りのように私は受け取る。雪解のあとのまだジクジクした地面に、青い玉が一面に頭を出したさまが、私の眼に浮ぶ。コゴメ（コゴミともいう）は羊歯類の嫩葉が丸く巻いたもので、すこぶる野趣がある。私はウンチが青くなるくらい、よく食う。私が山菜なら何でも大好物なのは、ウサギの年だからかもしれぬ。

楤の芽はタランボといって山菜の王のように珍重されるのは、希少価値によるのかもしれない。一メートルほどのトゲだらけの茎のてっぺんに、タランボは一つしか付かないからだ。ボキッと気持よく取れるが、やっと一つ出した芽を摘むのは可哀そうな気もする。今年（一九六三年）秋田の田沢湖から黒湯へ登る中の原に、この楤の木が群生していた。その夜はタランボの味噌あえで、「ランマン」の味は一しおであった。

盛夏になると、山菜の芽はすべて図々しいほど逞しい葉になって、もう本物のウサギでも食わなくなるだろう。しかし高い山のまだ雪が消えたばかりの所には可憐な芽が萌え出ている。アザミの嫩い葉など以前は山小屋でよくおみおつけの中に使われたが、この頃はめったに見られなくなった。第一、ああ大勢の登山者が押しかけては、汁のみに山菜を使ったりする余裕はない。大ていしおれたコンブである。

八月も半ば頃にはそろそろ木の果が熟してくる。東北や北海道の山では、コケモモやガンコウランの果が色づいてくる。粒が小さいから、一つずつ口に入れていてはまだるっこい。房々と果をつけた群がりの下へ手をあてて揺さぶると、掌に一ぱい落ちてくる。それを一ぺんに口の中へ放りこむ。

クロウスゴの果はそれより大粒だから、一つずつでも口ごたえがある。いつか越後の山へ行った時、空腹をそれでまぎらしたこともある。唇を赤黒く染めて、むやみに食ったものである。

シラタマノキの果は真白で上品だが、あまりうまいとは言えない。薬の匂いがする。口の中がスーッとする。

うまいのは木イチゴだ。小さな果が集って球形をしているが、その果が赤黄色の光沢をおびて一つ一つ盛りあがっている。触れるとすぐ落ちる。うんと熟したうまそうな奴を、うっかり手の届かない所へ落してしまった時の残念さ。

数日の山旅を終えて下ってくる。何よりの期待はビールである。のどが乾くのに我慢して水も飲まないのは、ビールの味をよくするためである。下り着いた山小屋にそのビールが無かった時の失望！　しかし近頃は缶ビールが出来たので、大ていの番人のいる山小屋にはそなえつけてあるので、以前のように失望することは少なくなった。

都会へ帰ると、何よりも食いたいのは、脂のジージー浮いたコッテリと厚いビフテキである。

都会にいるとしきりに山のものが食べたくなるが、数日の山暮しでそれに堪能して帰ってくると、ウサギの胃袋はライオンのそれに変るらしい。

夏の山

夏になると新聞も雑誌も一せいに山の記事をかかげる。昔から登山は夏の行事になっている。

しかし山の高踏派はこううそぶく。――へん、夏の山なんて、つらくて登れますかい。

実さい、夏の山はつらい。第一山へ取りつくまでの、あのムンムンする暑さの中を行く苦しさ。それから満員の山小屋の行儀の悪い喧騒のやりきれなさ。それから、登山者から少しでも余計にしぼり取ろうとする商的行為に、いたるところでぶつかる不愉快さ等々。

全く、そんないやな目をして山へなんぞ登るより、涼しい静かな部屋で昼寝でもしていた方が、よほど気がきいている。

僕の登山経歴をふりかえってみても、真夏の山行は少ない。春と秋が一番多く、それについで冬のスキーによる登山である。

夏、山へ行く場合には、なるべく繁盛期をはずれた時を選ぶ。すなわち、山開きの前か、あるいはもう登山者も無くなって山小屋を閉じようとしている時。

もちろん山にもよるが、わが国でまず高山と呼ばれている山へ、最も快適な登高を願うなら、初夏の候を選ぶべきであろう。このころほど山が豪華な時はない。新緑の水々しさ、渓流の豊かさ、まだ汚されない残雪がベッタリのこっている壮観、確実な快晴、日の永さ。

今まで僕の山旅の中で、予定通り成功した、楽しかったものは、多くはこの季節であったようだ。

山の眠りは永い。その眠りからようやくさめて、その旺盛な活動期に入ろうとする時の新鮮な躍動が、この季節の山にひしひしと感じられる。全山が生命の讃歌をあげているかのようだ。

それに引きかえ、夏も終りかけの山には、何か大饗宴の果てたあとのような哀愁と寂寞(せきばく)がある。僕はこのころの山もまた大好きだ。

平地は残暑にあえいでいても、山の上はすでに秋である。ある種の草木はもはや紅葉のきざしを見せている。空気は清澄になって、遠くの山々の小さなヒダまではっきり見えてくる。

山小屋は閑散になって、そろそろ仕舞い支度を始める。登ってくる人もごくまれである。登山繁盛期のあの俗悪さが無くなって、山は本当に我々のものになってくる。この季節ほど山の静かな深い味わいを知らせてくれる時はない。

夏の山へ行くなら、僕はこの始めと終りの二つの季節を選びたい。しかしどちらにしろ、人為的登山便宜のなくなっている時だから、装備と経験に自信のある人でなければ、むやみにはすすめられない。ただ僕はあの喧騒と雑踏の山しか知らない人に、この季節外れに夏山のだいご味のあることを告げたいばかりである。

山の話

夏だから――山の話でも書こう。

僕の山好きは小学校の時から始まった。故郷にある富士写（ふじしゃ）ヶ岳という千メートル足らずの山に登ったのが最初だ。そこで僕の頑張りと健脚とがほめられて、すっかり自分は山が好きなのだと思いこむようになった。すべて物ごとに熱中する最初の動機は、こういうおだてと思い上りによることが多い。

中学時代には小登山家気取りで、故郷の近くの山々を次々と登って行った。登った山を地図の上にしるしを附けるのが、この上ない楽しみであった。まだリュックサックなんてものは田舎には全く見られなかった頃である。

一高に入って初めて本格的な（?）登山をするようになった。山へ行くためなら何事をも放擲（ほうてき）するという有頂天ぶりが、大学へ入ってからも続いた。その頃僕の周囲では左翼の学生運動が盛んになって、何度そちらの方へ引きずりこまれそうになったかしれないが、それを引留めたのは僕の登山趣味であった。この有閑的な道楽を棄てねばならぬことを考えると（その頃の左翼運動はそれほど激しい要求をしていた）その陣営に参ずる決心が出来なかった。

もっと文学的であるべきだった僕の学生時代は、この単純率直な登山精神のために、文学青年的色彩を失ったことは事実である。もし僕が大実業家か大臣の御曹司にでも生れて、イギリスへ留学させられるような身分だったら、きっと僕は学業そっちのけでスイスの山を遊び廻っただろう。それほどの情熱と無茶をする勇気はあった。

三十代には少し金銭的余裕が出来たので、一と月に一ぺん位は大抵山へ出かけた。登った山の数にかけては、今までの日本のいかなる文学者も僕には遥かに及ばない。

一昨年（一九四九年）の夏は、立山（たてやま）・劔から黒部へかけて、一人で一週間ほど歩いた。久しぶりで北アルプスへ入るので用心して荷物を多く持ちすぎたため、肉体的にはひどくこたえたが、しかし洞窟のような劔沢の雪渓を一人で歩いていると、至上の幸福を感じた。

去年の夏は年少の友と二人で、五色（ごしき）ヶ原から薬師・上（かみ）ノ岳・黒部五郎・三俣蓮華（みつまたれんげ）を経て槍ヶ岳へ出た。前年の負担に懲りて案内人を雇おうとしたが、戦時中の登山空白時代のため山を知っている案内人はごく少なくなって、結局山案内人には荷を担がせるだけで、僕が案内して歩いた。

槍ヶ岳へ出るまで四日間、登山者一人にも出会わず、我々だけで山を独り占めにした、心ゆくまでの山歩きだった。こういう大自然に接すると、僕は所謂（いわゆる）名勝というものに何の感興も湧かない。どんなに天下の絶景と称せられる所へ連れて行かれても、一向に感心しないのである。

白い山

昔の人は山の名前をつけるのに、別に凝った名づけかたをしなかった。現今いい名だなと思うものも、たいていは後世のあて字であって、たとえば聖岳（ひじり）なども、もとはその山腹をヘズって（トラヴァースして）いったので、そのヘズリが聖に代ったのだと言われている。

昔の人は山を見て、ごく簡単に、その色とか形とかによって名づけたものが多い。笠ヶ岳とか剱岳とかいう山が方々にあるのもそのせいである。中でも多いのは「白い山」の意の名前である。

その代表的なのは加賀の白山（はくさん）であろう。私はこの山をまともに仰ぐ町に生れてそこで育った。白山は、秋の行楽がようやく盛りを過ぎようとする頃、すでに冬の山の近づきを警告する最初の雪を置き、それからひと冬のあいだ一点の黒も留（とど）めぬ純白に覆われ、そして晩春から初夏にかけて前山が新緑に装われる時に到ってもなお、豊かな残雪を斑らに山肌に残している。往古、京の住人が心細い旅を越の国に続けてきて、この純白の山に接した時、その驚嘆の声がただちに山の名となったのであろう。白い山！　そう呼ぶよりほかに適切な表現がなかったのである。

北に遠ざかりて雪白き山あり、というのは平家物語に出てくる平重衡東下りの一節である。重衡が捕えられて鎌倉へ護送中、東海道の安倍川のほとりまで来ると、そこから川上にあたって遠く遥かにチラと雪白に光る山が眼にとまった。あの山は何かと訊くと、供奉の人は甲斐の白峰と答えた。

しかしそれは今の甲斐の白峰、すなわち北岳、間ノ岳、農鳥岳ではない。私はわざわざその地点まで確かめに行ったことがあるが、それは悪沢、赤石、聖の諸峰であった。そんな詮議はともかく、遠い白い山に惹かれた運命の人の心情には何か哀れさをおぼえさせられる。

このほかにもわが国には、白根山だの白倉山だの、「白い山」を意味する山の名が多い。

白い山はわが国だけではない。アルプスの最高峰モン・ブランMont-BlancのMontは山、Blancは白いの意で、そのものズバリの「白い山」である。これはヨーロッパの最高峰のみならず、世界でも最も秀麗な山の一つに数えられている。十七世紀の地図には「呪われた山」と記されていたそうだが、それは中世紀には、西洋では山はデーモン（悪霊）の住む所とされていたからである。

その後、山に対する審美眼が開けてくるにしたがい、この「白い山」は多くの旅行者の賞歎の的となった。たとえば今から百年も前にジョルジュ・サンドは次のように讃えている。「雲のたなびく遥か彼方に、モン・ブランは白銀の冠をいただき、黒々とした岩の帯を見せていた。その夢のような風景は虚空に揺曳（ようえい）しているがごとくであった」白い山の持つ魅力は、東西ともに変ることはない。

アフリカの最高峰キリマンジャロも「白い山」の意だと聞いた。

さらにヒマラヤにも「白い山」がある。それは世界第六位の高さを持つダウラギリであって、八千メートル以上の高峰は大かた登頂されたのに、この山の頂上だけはまだ無垢（むく）を誇っている。ダウラギリはサンスクリットで、ダウラ（ダワラ）は白い意、ギリは山の意であるから、これも単純率直な「白い山」である。明治三十年代に河口慧海（えかい）は仏教研究のためチベットに入ろうとして、インドからヒマラヤを越えた。その紀行「西蔵（チベット）旅行記」の中に、彼がこのダウラギリの英姿を望んで感激したことが載っている。

しかしどこの国にも「白い山」が多いように、昔はネパールのどこへ行っても遠い雪の山の名前を訊くと、いずれもダウラギリと答えられて、測量者や探検家は迷ったそうである。土地の人にとっては、遠い山の一つ一つの名前の区別なぞいらない。一様に「白い山」でよかったのであろう。

いま（一九五九年初夏）日本の登山隊の行っているヒマルチュリ、おそらくこの文章が活字になる頃には、その登頂の快報がもたらされるだろうと思うが、そのヒマルチュリも「白い山」という意である。

白い山！　山の好きな者で誰が白い山に憧がれないものがあろうか。

山とスキー

ターミナルの駅でちらほらスキーを持った人を見かける。シーズンが始まったのだ。すでに十一月ころからショーウインドーにはスキーの用具が花々しくならび、雑誌や新聞にはスキーの前宣伝が賑々しく出ていた。この冬のスキー場の大混雑ぶりが思いやられる。

以前はスキーは質実剛健な野外スポーツであった。寒気の中を、汗を流して高い所までセッセと登らなければ、滑るわけにはいかなかった。ところが戦後リフトというものができた。人は労せずして高い所まで運ばれるようになった。

苦労を嫌い安楽を欲するのは人間の本性であるから、客を集めようとするスキー場は、競ってリフトをつける。リフトはだんだん高い所まで延びて行く。正月などはそのリフトに乗るために長い行列を作り、長い時間を待たねばならぬ。

汗を流して登る必要がなくなってから、スキーは質実剛健から贅沢華美なスポーツになった。何万円もする外国製のスキーがとぶように売れ、服装はダンスにでも行くように花やかになり、それは実用よりも見てくれが主になった観がある。

以前はスキーに行くのは大てい山の好きな人であった。都会の雑踏から離れて、人のいない清浄な山の雪を踏みに行った。スキーが雪の上を登るための武器でなく、もっぱら滑るための用具となってから、スキーは山から分離した。スキー場はいつもカーニバルのように賑やかだが、リフトを離れて一歩山へはいると、もう誰もいない。

この正月はまたどこのスキー場も満員であろう。宿にギューギューつめこまれ、ゲレンデはゴッタ返しの大混雑。どうしてそんな所へ行く気になれよう。と言って、せっかくの正月休みを家でブラブラ過ごすのも能がない。どこか静かな山はないか。ある。スキーを持たずに行く山である。高い山は雪が深いから、中以下の山である。こういう山は夏は暑くてやりきれないが、冬の山歩きにはもってこいである。春や秋には木の葉が繁茂して見晴らしのきかない所も、冬にはすっかり落ちてすばらしい展望が得られる。山村の宿はひっそりして、素朴に私たちを迎えてくれる。

世間がみなスキー、スキーと騒いでいる時、静かな山道を、枯れ葉を踏みながら、時には雪を踏みながら、山村の宿から山を越えて次の宿へと移って歩く楽しさは、あの殺人的な雑踏のスキー場の及ぶところではない。

春スキー

スキー列車はなくなり、観光のポスターは雪からサクラに変わり、運動具店はスキー用具をしまいこんで、もうスキーは終わった、と思う人が多い。

ところが、これからである、私の大好きなスキー季節は。

日は長くなる。晴天も多くなる。もうガタガタ寒さにふるえるようなこともない。雪はザラメに変わる。これは粉雪とは違った滑降の快感を与える。

粉雪ほどスピードは出ないが、雪に抵抗があるせいか、私のようなスキーのヘタな者にも安定した回転を許してくれる。自分の技術に自信をつけてシーズンを終わるのはいい気持ちである。

今までの楽しいスキー行をふりかえると、たいていは三月の末から四月へかけてであった。時には五月になってもまだ、雪のある山へスキーをかついで行った。

立山、白馬岳（しろうま）など北アルプスの山は、真冬には手ごわいが、春のスキーでは鼻歌まじりで登ることができた。

鳥海山、巻機（まきはた）山など中級の山へは四月に行った。このころはただ一日でおどろくほど雪が減る。登る時には雪に覆われていた道も帰りにはもう雪が口をあけて、その下を小川が春らしい音をたてて流れていた。いち早く肌を現わした土には、フキノトウや、ショウジョウバカマが、もう青い色を見せていた。

春の雪山は静かなのが何よりである。冬のあの多勢のスキーヤーはどこへ消えたのだろう。ほとんど出あわない。どうして彼らはこの楽しいスキーを棄ててしまうのだろう。

誰もいない大きな雪の斜面をザーザーと音を立てながら（ザラメ雪だからである）滑って下り、疲れれば上着も手袋も取って雪の上に仰向けに寝ころぶ。春めいた青空をぼんやり眺める。冬の花やかなスキーヤーの色どりは、もうどこにも見えない。自分だけが流行おくれのようで寂しいような、しかし得意でもあるような、妙な孤独感におそわれる。

昨年（一九六二年）の四月の初めには西吾妻（あづま）山に登った。土曜日だったのに日はサンサンと照っていたのに、私たち二人のほかは全山にただ一人の人影もなかった。

私の本当のスキー・シーズンは、これから始まるのである。

登山前後

登山の楽しみは山を歩いている時だけではない。それはリュックの重さを久しぶりになつかしく感じて家の玄関を出る時から、目的を無事に果して快い疲労をおぼえながら家へ帰り着く時まで続く。

いや、その前後にさらに拡がりを持っている。山行きを思い立って、地図を眺め、あれこれとプランを練る時から、すでに楽しさは始まっている。出発の日時もきまり、同行の友もきまる。入用の品を整えながら、友の顔を思い浮べると、いろいろと楽しい空想が湧いてくる。

しかるに出発の間ぎわになって、約束の友の一人が突然行けないといってくる。これほどわれわれをガッカリさせるものはない。彼を勘定に入れての楽しいプランに、彼はポカリと穴をあけたことになる。どんな事情があるにせよ、彼の違約の罪は大きく責められなければならない。

良心のある友なら、期待を裏切った代償として、われわれに十分の贈り物を忘れないだろう。われわれもまたそれを要求する権利がある。

野球は九人揃わなければ出来ないが、登山は一人くらい欠けたっていいだろうというのは、非常に安易な考え方である。山登りほどチーム・ワークの必要なものはない。チームの和が登山の楽しさを決定するといっても誇張ではない。

しかし、来られない者は仕方がない。クヨクヨは禁物である。われわれは空想を再編成する。彼（あるいは彼女）なんぞいなくたって平気であろうとする。そして事実、山へ入れば、山の楽しさは彼の欠場を忘れさせる。山の温泉から、山の美しさをさんざん書き送って友を羨ましがらせることで、友を許してやる。

山から帰る。それっきり山を放っておく人があったら、その無欲に私はおどろく。われわれの身体の中にも気持ちの中にも、まだ山が残っている。それを呼び返し、それを反芻（はんすう）することによって、登山の楽しさをもう一度味わうことが出来る。撮ってきた写真を見る。歩いた道を地図で確かめる。思い出が私たちを豊かにし、力づける。

すべてのスポーツの中で、その行為の前後に、山登りほど楽しい拡がりを持ったものはあるまい。

II　私の名山

日本百名山（昭和十五年版）

その一　高千穂峰

日本百名山を選ぶのは、多年の僕の念願であった。漸(ようや)くその見当もついたので、茲(ここ)に連載を始めるに当り、先(ま)ず劈頭(へきとう)に聖峰高千穂(たかちほ)を掲げ得たことは、無上の喜びである。百名山を選ぶというよりは、むしろ、名山を巡礼したい気持である。光輝あるわが民族が朝な夕な親しみ仰いできた山々を、この古今未曾有(みぞう)の国力発展の期に、新しい眼で振り仰ぐことは、意義ないことではあるまい。殊に皇紀二千六百年、しかも紀元の月に、天孫降臨の伝えある高千穂峰から日本百名山を始めることは喜びというよりも光栄であろう。

　高千穂峰は霧島火山群の一つで標高一五七四米。古事記の「竺紫(つくし)の日向(ひむか)の高千穂の久士布流多気(くじふるたけ)」とはこの峰のことで、瓊瓊杵尊(ににぎのみこと)が高天原から此処に天降(あも)りましたと伝えられている。昨年（一九三九年）、十二月十二日、始めて僕はこの峰の上に立った。古宮趾から御鉢の縁を通って頂に達したが、無風快晴の好日で、しかも登山者は僕一人、いにしえの襲の国を一望に収め、皇祖発祥のあとを憶って、去るに忍びないものがあった。帰途は二ッ石を経て霧島東神社に降った。

高千穂峰を最も美しく眺め得るのは、霧島山彙の一の大幡山からであろう。高千穂に続く峰は凡て灌木に覆われているが、高千穂だけは一木一草も着けず黒々として、しかも均衡の取れた左右相称の姿は、まことに霊峰にふさわしい神々しい気品を持っている。上掲の写真は、同じ山彙の一の新燃岳から望んだものである。

その二　乗鞍岳

その姿の秀麗さに於て、その地域の広大さに於て、その内容の豊富さに於て、乗鞍岳はわが国屈指の名山であろう。

その姿は、例えば直ぐ南の御嶽と比べ眺めて見たまえ。彼の重厚に対して、我の如何に颯爽天空を限っていることか。

その地域は、例えば直ぐ北の穂高と併せ眺めて見たまえ。彼が連嶺の中に崛起しているに比して、我の如何に悠々と存分にその裾を伸ばしていることか。

内容の豊さに就いては、その頂近くに散在する幾多の池や、この山に源を発する幾多の川を数えるだけでも充分であろう。

写真は東面の位ヶ原から主峰を望んだところ。一九三四年十二月十七日の撮影である。

その三　岩菅山

岩菅山？　どこにそんな名山があるのですか？　――山をあまり知らない一般の人は首を傾けるかもしれない。人口に膾炙された名山のみを選ぶのなら、何も今更僕がことごとしく出る必要もあるまい。山深いために今まであまり知られなかった山、しかも名山たる資格を十分に持った山、そういう山の選択にせめて僕の今日までの経験を役立たしめたいのである。

岩菅山は、その風貌、品格、個性等、いずれの点から見ても名山たるに恥じない。里から遠いので広く詩歌に歌われるような一般性は持っていないが、しかし信越線の汽車が屋代を過ぎて豊野あたりまで、山に憧れの深い人は右手に遠くこの山を見つけ出すことを忘れないだろう。遥か志賀高原の山々の上に、この岩菅の颯爽とはしているがつつましい姿を望むことが出来る。決して自己を誇示することなく強調することなく、実に奥床しい、而も力強い威容を持った山である。写真は一九三五年二月十四日、寺小屋の頂上から望んだもの。

その四　妙高山

岩菅山に引かえて妙高山はあまりに有名な名山である。若しこれが俗っぽい名山ならば、潔よく黙殺してしまうのだが、しかしこれはどうしても僕等が誇りたい名山の一つである。

おそらくこれほど独自な山容を持ちながら、しかも奇に落ちず、矯に亘らず、美しい気品を持った山は少ないだろう。その最も均斉の取れた姿は、関山附近から望むに如くはない。ドッシリと据わった妙高山を真ん中にして、右に神奈山、左に前山、の両尾根が、丁度襟を掻き合せたように見える。そのふところに燕温泉があって、妙高登山の根拠地となっている。

妙高山は眺めて美しい山ばかりでなく、登ってみてその円形カルデラの玄妙さに眼を見張るだろう。その展望の雄大さには暫く(しばら)は呆然とする。雄大なるのみならず、山岳展望台としても絶好の地位を示めている。八ヶ岳の赤岳、尾瀬の燧(ひうち)ヶ岳と共に、僕は自分流に三展望台と名づけている。この三つの頂上からの山岳展望を綜合すれば、内地中央部の山々はおそらく網羅されるであろう。

上掲の写真は一九三七年四月三日、関山附近から。この日は天気快晴、妙高が春の空気にうっとり霞むようにそびえていたが、本誌〈「山小屋」〉の粗悪な紙質では、その趣が出るか否か甚(はなは)だ不安である。

その五　燧ヶ岳

広大な尾瀬ヶ原を差挟(さしはさ)んで東西に対立している燧ヶ岳と至仏(しぶつ)山。燧の颯爽として威厳のある山容を厳父とすれば、至仏の悠揚として軟かみのある姿は慈母と云えよう。原の中央に立って彼を仰ぎ此を眺めていると、今更造化の至芸に感歎せざるを得ない。尾瀬ヶ原は実にこの対照の妙を得た二雄岳によって生きている。――と嘗(かっ)て僕は書いた。

燧ヶ岳は福島県南会津郡檜枝岐(ひのえまた)村にあり。那須火山脈日光火山郡の一峰で、標高二三四六米。本邦これより北にこれより高い山はない。燧という名は火山の意から来たのかと思っていたが、会津方面から眺めるとこの山に燧鋏（ひうちばさみ）の残雪が現れるので、この名があるという。

写真は一九三五年六月十日、アヤメ平より望む。アヤメ平は高原としても美しく秀でた所であるが、燧ヶ岳はここから眺めるより優れた個所はないと独断する。頂上に二峰見えるがその右を俎嵓（まないたぐら）と呼びここに三角点がある。左を柴安嵓（しばやすぐら）と呼び右より二十米あまり高い。

この山へは尾瀬沼の北岸からナデックボという雪渓を登るが、その雪の上で、僕は始めて日本山岳界の元老木暮（こぐれ）理太郎氏に初対面の挨拶をした。思い出の多い山である。

その六　至仏山

前記燧ヶ岳と相対する山。利根川を溯（さかのぼ）って狩小屋沢からこの山に登ったのは、もう十五年も前の秋のことだが、今もって狩小屋沢から仰いだ至仏満山の紅葉の美しさを忘れられない。今までの山旅に、僕は忘れ難い幾つかの感動を数えることが出来るが、この時の眺めもその一つに加えている。

頂上に立って、始めて憧れの尾瀬ヶ原を見下した時も、暫し呆然とするほど感激した。原一面まるで燃えるような代赭色で、そのずっと拡がった向う端には、相応ずるが如く端正な燧ヶ岳がそびえていた。尾瀬を語るにはこの至仏山へ登ってみなければならない。

至仏山は群馬県利根郡片品村・水上村の境上に境す。標高二二二八米。至仏は僕の好きな山の名の一つであるが、武田久吉博士の説によると、これは登路の貉ッ沢の一名渋ッ沢から出たのであろう、という事である。

写真は前掲燧ヶ岳を撮った翌日、尾瀬ヶ原の檜枝岐小屋附近から望んだもの。六月好晴の日で、前景の幾つかの池塘には、至仏の残雪が映じ、遥か原の彼方には白樺の木立が続いているのだが、本誌の写真版ではその趣は現われないであろう。

その七　五竜岳

後立山連峰のうちで山容最も雄偉なるは五竜岳である。その根張りのガッシリしていること、しかもその岩尾根の峻厲なること、北アルプス中の一名峰たるに恥じない。北は大黒の岩峰を経て唐松岳に続き、南は八峰キレットの嶮によって鹿島槍に連なる。

後立山縦走中の難関である。

標高二八一四米。信濃・越中の国境が跨がる。昔は後立山（ごりゅう）と書き、後立山の名はここから出たという説もあった。又、このあたりが武田信玄の勢力範囲だった頃、この山の残雪の形が武田菱に似ているので、御菱（ごりょう）と呼んだという説もある。麓（ふもと）では割菱（わりびし）ノ頭（あたま）（或（あるい）は割菱岳）と呼んでいるという。

写真は一九三四年六月中旬、麓の四谷（よつや）より望んだもの。鮮明を欠くが、五竜岳の向って左肩に鹿島槍が頭を出し、向って右に引いた尾根の鞍部に大黒岳の岩峰が黒く見える。

その八　立科山

古記によると、浅間山を北岳、立科（たてしな）山を南岳、と呼んで、この二山を東信州の名山としていた。両方ともほぼ円錐形の恰好（かっこう）の良い山だから、古（いにしえ）の人の好尚に適ったのであろう。中山道を下って岩村田あたりまで来ると、千曲（ちくま）川の流れを挟んで相対立したこの二山が、旅人の眼を引くのである。

立科山は広大な裾を展（の）べているが、人々の眼はその端正な円頂にそそがれる。この円頂はどこから望んでもその形を崩さず、立科が名山と称せられる所以もここにある。「信濃には八十の高山ありといへど女の神山の蓼科われは」と、伊藤左千夫の歌である。

標高は二五三〇米で、富士火山帯に属する一峰。長野県諏訪郡北山村・北佐久郡芦田村・協和村・春日村の境上に立つ。写真は霧ヶ峰の東側にある大門牧場より望む。一九三五年七月の撮影である。

その九　宝剣岳（木曽山脈）

中央アルプス中、駒ヶ岳本岳につぐ高峰で二九三三米、一に剣ヶ峰とも云う。剣ヶ峰という名は、富士山にもあり、白山にもあり、御嶽にもあり、立山連峰にも劔ヶ岳があるが、その姿勢の最も尖鋭なのはこの宝剣岳であろう。岩で畳みあげた危峰で、よく北アルプスの槍ヶ岳に比される。

一度は北から、一度は南から、二度僕はこの岩峰の上に立った。足元の危い道で、殊に南から岩を伝って登った時は暴風雨の最中で、時々ヒヤリとすることがあった。頂上は甚だ狭く、やっと二人位が岩につかまって立って居れる位である。そこから見下す東側は懸崖で、その下に千畳の軟かな草原が拡っている。

写真は六月中旬、駒ヶ岳本岳の中腹から撮ったもので、前面の匐松が黒く見える所が御庭と称し、高山植物の咲き乱れて広々とした実に気持のいい原である。それから中岳（左手の山）を越えて宝剣に行く。

この写真は最もありふれた図だが、宝剣の真の風貌を察するには、伊那前岳より見るに如くものはない。この岩峰の真骨頂とも云うべき荒々しい雄偉な姿を、そこから望むことが出来る。

その十　高田大岳（八甲田山）

百名山の中へ是非八甲田山は加えたい。ここには八甲田山彙の一つの、形の最も整った高田大岳を選んだが、八甲田山の美しさは、これらの峰々を凡て引っくるめた一つの高原地帯として推賞したい。

八甲田山という名は、前岳、田茂萢岳、赤倉岳、井戸岳、大岳、小岳、石倉岳、高田大岳の八つの峰と、その山中の所々に沮洳地、つまり田が多いので、由来したという。前記の峰と対応して、櫛ヶ峰、駒ヶ峰、乗鞍岳、赤倉岳等が、この高原地帯の南を飾っている。大抵千五百米前後だから山として高いとは云えないが、しかしこれらの多くの峰々を頭状花序（とうじょうかじょ）のように相聚（あつま）った一つの山としてみる時、八甲田の価値は天下に誇るに足る。

高田大岳は山中第二の高さで一五五一米。睡蓮沼を前に控え、あまりに山容が整い過ぎていて、写真は稍（やや）絵葉書じみるが、日附入りのスタンプを押すほど、ここの景色はまだ俗化していない。この山に登る人は非常に少ない。近くの温泉宿の家族が、秋になるとガンコウランの果を採りに登る位のものである。前面の樹林は青森トドマツで、あまり丈の高くならない此の樹が、このあたりの風景に独特の趣を添えている。十年前この麓を通った時は、寂しい小径であったが、今は国立公園となって坦々たる大道がつけられ、夏には満員の大型バスが疾駆する。

その十一　白山

古来日本三名山の一つとして、加賀白山は古い歴史を持った山である。その開基は養老元年（西暦七一七年）というから、今から千二百年以上も前のことである。それ以来、この白山がどれだけ詩歌に詠まれてきたことだろう。全国有数の降雪地に位するだけに「白い山」と呼ばれるほど雪が多く、加うるに遠望の秀麗な山であるから、人眼を牽かずにおかないのである。

おそらく諸君のうちで、この白山を見たことのない人はないだろう。昔の旅人は街道筋から白山を見た。ところが今の登山者は山の上から遠く白山を望む。北アルプスの、殊に立山、白馬、御嶽、乗鞍、薬師、笠、等の頂上から、遠く雲表に浮ぶ白い山を眺めて、あ、あれが白山だと暫く見惚れない人はないだろう。

それ位白山は山好きの人の眼に幾度も映じるにも拘わらず、遠隔の地にあるせいか、所謂近代登山家の姿をこの山に見出すこと甚だ少ない。常に眺められる山として残されている。

残雪と池沼の多い白山の頂上ほど、小ぢんまりと纏まりのある天然の公園を、僕はあまり他に知らない。御前峰と剣ヶ峰と大汝峰と、頂上には三つの峰がある。御前が主峰だが、山としての良さは大汝が一等である。写真はその大汝峰の七月である。

その十二　会津駒ヶ岳

わが国には駒ヶ岳が多い。北から、渡島の駒ヶ岳、羽後の駒ヶ岳、魚沼駒ヶ岳、甲甲斐駒ヶ岳、木曽駒ヶ岳、――それから箱根の駒ヶ岳という様な小さなものまで拾うとしたら、その数決して少なくあるまい。わが会津駒ヶ岳もその間にあって、派手に頭角を現わすというより、むしろコクのある渋い山として、一部の人たちに親しまれてきた。

日光国立公園が設立されて以来、この手織木綿のような素朴な山も、次第に一般に広まってきたようである。何しろ今までは麓まで行くにも容易でなかった。尾瀬から入るにしても、会津から入るにしても、東京から三日はかかった。従って麓の檜枝岐という村も、村の人が自ら平家の子孫と称するだけの、桃源境の趣があった。

会津駒ヶ岳はこの檜枝岐から三時間位で頂上に達せられる。写真は六月中旬の撮影だが、御覧の如く残雪の豊富なことと、その森林の見事なことは、この山を一層魅力あらしめる。写真の最高部が三角点のある頂上だが、右に引いた尾根がずっと長く続いて、実に壮大な山腹を展開する。その山腹のいずこかに、残雪の駒の形が現われるという武田久吉博士の説だが、未だその駒を見たという人の話をきかない。

その十三　薬師岳

山にも色々性格がある。鷹揚にして寡言、ドッシリとした風格を持った山と云えば、先ず僕は第一に薬師岳を思い出す。ドッシリと云ってもただ尨大なだけで血のめぐりの悪いような山（例えば南アルプスの間ノ岳）もあるが、薬師岳はドッシリした上に、どこか清風颯々たるところがある。

この薬師岳に登ろうとして、麓の廃村有峰を訪れたのはもう十数年の昔になる。その時は真川の谷に紛れこんで岳には登らなかったが、有峰の高原から仰いだ薬師の秀麗な姿は今尚忘れられない。その有峰では、「岳は日に五度色が変る」と云っているそうだが、確かに薬師岳ほど見事な色ばえを見せる山は他にあるまい。殊に朝夕刻々と明暗の度を変えて行く含蓄のある色彩は、いくら眺めてもいても倦きることがない。

標高は二九二六米、その高さから云っても、山容から云っても、品格から云っても、わが国第一流の山である。お隣りの立山・剱がお祭ほど登山者で賑わうにも拘わらず、薬師はいつも閑寂を持しているのも奥床しい。写真は七月中旬立山登山口の藤橋から旧道のブナ坂道を辿って弥陀ヶ原に出る途中から撮した景である。

その十四　太郎山

今は満員のバスが頻りに往復するのであまり珍しくなくなったが、日光の戦場ヶ原、あそこは山の好きな人にとっては仲々嬉しい所である。広々とした高原を取巻くようにして、二千米から二千五百米級の山々が、思い思いの姿勢で立ち並んでいる。バスから降りてみようとする人は殆んどないが、ただ疾駆し去るにはあまりに惜しい眺めである。

太郎山は戦場ヶ原の周囲を飾る、最も見ばえのある山の一つである。何となく感じの明るいところがいい。形もいい。標高は二三六八米で日光連山のうちで高い方とは云えないが、とにかく一城の主と云った様の品格を具えている所がいい。

ここへ登るには光徳沼のあたりから御沢という谷に入る。これは全く文字通り廊下の底を行くような珍しい沢で、その廊下の尽きたへんから北に向って登って行く。頂上は巉岩重畳とでも形容すべき岩峰で、そこからの展望は素晴らしい。

太郎山は男体山などと共に、昔から信仰の厚かった山とみえて、山中に色々な謂われのある個所が残っている。太郎山神社を祀り、慈眼太郎明神と号する由である。写真は十月中旬、戦場ヶ原の三本松から望んだものである。

その十五　高妻山（戸隠連峰）

天ノ岩戸が中つ国に飛んで山と成ったと云われる、そんな古い歴史を持った戸隠山（とがくし）である。「鬼工（きこう）の墨絵」のような岩壁の立て連なった霊怪な山容を眺めると、成程（なるほど）古えの人がそういう飛来伝説を奉じて、ここに素朴な信仰の根をおろしたことが肯（うなず）かれる。今はむしろ戸隠牧場のキャンプや、小鳥の鳴声の放送地として有名な位だが。

高妻山（たかづま）は戸隠連峰の最高峰（二三五三米）である。その北に連なった乙妻山（おとづま）（二三一五米）と共に、我々にとっては高妻乙妻としてなつかしい憧れの山である。それはどこからでも我々の眼を牽く。屏風（びょうぶ）のような一高一低の戸隠の岩山が一寸切れて、その北に、この高妻乙妻がスックと聳（そび）え立つのである。

戸隠連峰は、その屏風のように立て連なった部分を表山と称し、五地蔵山から高妻・乙妻に続く区域を裏山と呼んでいる。多くの登山者はこの表山に登るだけで、裏山の高妻山まで歩を伸ばす人は甚だ乏しい。それは途中無人の小屋で一泊を要するからであろう。写真は初秋表山から望んだ高妻山である。この時僕は一人で五地蔵頂上の小屋に寝て、翌朝高妻・乙妻に登るつもりで起きたが、深い霧のために志を遂げずに引返したのは、返す返すも残念な事であった。

その十六　霧ヶ峰

霧ヶ峰は山というより高原である。始めスキー場として有名になり、今はグライダアの練習場として聞えている。しかし心ある人はそれよりもっと前から、その豊かな自然を愛して訪れていた。行けども行けどもあとからあとからゆったりした起伏の現れてくる尨大な高原で、一たい今どこを歩いているのだろうと迷う位に広い。

普通登山者は、車山（一九二五米）に登って大門峠に降るか、或は八島池のほとりから鷲ヶ峰（一七八九米）を経て和田峠に出るか、どちらかのルートを採るようである。この車山と鷲ヶ峰が霧ヶ峰高原の東西両端に位する、先ず山らしい山であって、写真は、高原の中央へんから眺めた鷲ヶ峰の景である。季節は夏の終りかけであったが、山上は既に秋の風が吹いて、草野も狐色に変りかけていた。

「霧ヶ峰のぼりつくせば眼の前に草野ひらけて花咲きつづく」これは島木赤彦の歌である。霧ヶ峰を隈なく歩くには数日を要する。花咲きつづく草野のみならず、学問上貴重な八島平の湿地、森林の深、東俣の渓流、古蹟としての旧御射山、男女倉に通ずる古い山道等、探り歩けば興趣は尽きない。

その十七　赤岳（八ヶ岳）

八ヶ岳連峰の盟主赤岳。毅然、厳然、泰然、——などと一流の山に冠せられる形容詞は凡てこれを兼有する。標高二八九九米、富士と日本アルプスを除いては、本土にこれに匹敵するものはない。先ず張出大関という格であろう。

信州・甲州のほぼ中央の好位置を占めているだけあって、山頂からの山岳展望は素晴らしい。快晴の日この頂に立って一回転すれば、諸君は本州の有名な山を殆んど全部望見することが出来る。見えないのは、奥羽と近畿・中国と加賀白山位のものである。

東京から割合に便利で、高山性を帯びていて、見晴らしがよくて、周囲に裕かな高原を拡げていて、しかも高山植物の宝庫と云われている。晴れた日にこの山に登って、それで尚山が好きになれなかったら、それはよほど自然から見放された人であろう。

写真は八ヶ岳連峰中の一峰赤岩（硫黄岳の西南二六八〇米の岩峰）から柳川の谷を距

てて望んだ赤岳。十一月初旬の夕方で、降ったばかりの初雪が折から斜陽に輝いて、その厳粛な美しさと云ったらなかった。コントラストのない写真だから、先月号のようなお化け写真版にされはしないかと案じている。

その十八　開聞岳

百名山を選ぶ標準の一つとして、高さ千五百米以上たること、という資格を設けている。開聞岳はその極く少数の例外の一である。高さ九二四米、だが、海から直ぐに立っているから、仰いだ感じは決して低くない。

　しかし敢て高さ大きさを問わないのは、これほど異彩のある山はないからである。殆んど放射谷らしいもののないこれほど完全な円錐形の山もないだろうし、その見事な全身を大半海中に乗りだした、これほど卓抜な構図の山もないだろう。橘南谿がその「名山論」の中で、十指の中に数えたのも尤もである。

　歴史も古い。直ぐ山麓の枚聞神社は遠い昔から由緒のあった社で、三代実録にも屢々神社昇叙の記録が見えている。山の名も本来は開聞岳であるが、開聞岳と音読するようになり、海門山という宛字さえ生ずるに至った。

薩摩富士の別称があるが、南海から船で本土に近づく時、先ず眼に入るのは、薩摩半島の突端にあるこの山である。遠ざかれば遠ざかるほど、その円錐形は益々尖鋭に見えてくる。写真は東麓の岡児ヶ水（おかちょみず）あたりから望んだ景。十二月の中旬で黄櫨（はぜ）の紅葉が美しかった。

その十九　湯ノ丸山

僕等が「鹿沢（かざわ）の山」と呼んでいる一群の山がある。上州の信州寄りの山の中にある温泉・旧鹿沢を中心にした山々である。大てい二千米前後だから、高山雄岳というわけには行かない。だが戦艦・巡洋艦の間に伍して、駆逐艦級の位置は占めている。小在池山（こざいけやま）、桟敷山（さじきやま）、籠ノ登山（かごのとやま）、三方ヶ峰、烏帽子岳（えぼしだけ）等、これら鹿沢の山から一つ代表を選出せねばならぬとしたら、僕は躊躇（ちゅうちょ）なく上掲の湯ノ丸山をあげる。僕にとっては特に親しい山、という個人的感情を抜きにしても、確かに鹿沢の代表として恥（はずか）しからぬ山である。

上信の境に立って高さ二一〇五米。そのゆったりした山容は、見る眼も暢（の）びやかになる。山腹の大雪面は（尤も所どころに岩があるが）我々嘗ての鹿沢ファンにとって、スキーのパラダイスであった。山頂からの北アルプス大観も素ばらしい。前面に邪魔になるもの何一つなく、蜿々（えんえん）二十里に亘る北アルプスを視界一ぱいに眺めるのである。おそらく北アルプス展望の屈指の位置であろう。

写真は十二月の末、鹿沢から角間（かくま）峠へ行く途上から撮ったもの、始めて僕が鹿沢に行った十五年前には、この写真に見るような落葉樹の林は殆んど眼に立たなかったのに、今はこんなに丈伸びて、うたた山の転変に打たれたことであった。

その二十　岩手山

青森行が盛岡を出て間もなく、沿線のポプラ（だったと思う。落葉松（からまつ）だったかもしれない）の梢を透かして仰ぐ岩手山は、おそらく日本の汽車の窓から見る山の姿の中で、最も立派なものの一つであろう。眼近かに文字通りそそり立った岩手山は何か押し迫るような力を持っている。「ここにして岩鷲（いわわし）山のひむがしの岩手の国は傾きてみゆ」平福百穂（ひらふくひゃくすい）のこの歌を、僕はこの麓を通る毎に口ずさむ。実際岩手の国が傾いてみえる位、岩手山は雄偉である。

盛岡市に或る一つの精神（それを僕ははっきりと感じるのだが、うまく云い表わすことが出来ない）があるとしたら、その精神の象徴は、この岩手山に尽きている。傲岸不遜とみえる位腰の坐った、優美とか繊細とかには縁遠くみえながら、しかも孤高の悲劇的人物を思わせるような、……

岩手山と鳥海山とを、僕は東北の山の双璧と思っている。一は剛悍、一は優美、厳父と慈母の対照である。この東北の名山を示すのに、この写真は貧弱すぎる。いずれ撮り直すつもりである。これは一月中旬の夕刻、東北線の好摩駅から分岐する花輪線の一駅から望んだものである。

〈註〉本連載は二十座をもって中断。初出誌には著者撮影の写真が添えられていますが、本書では割愛しました。

混まない名山

品格と孤独に憧れて

日本百名山を選んでみようという考えを持ったのは、随分前のことである。戦争の始まる頃であったろうか、ある山の雑誌に、自分で撮った拙い写真に説明をつけて、百名山を連載しかけたことがあったが、二十あまり選んだきりで中止した。

よく人から「日本の山は大ていお登りになったでしょう」と訊かれることがある。どう致しまして、日本には無数の山がある。そんなに登れるものではない。私は職業旅行家ではないから、自分の好きな所へは何べんも行くが、日本中まんべんなく歩いたわけではない。

二三年このかた、今までに登り残した山を一つ一つ訪ねようという気になって、去年などは五つ六つ新しい山に登った。山が好きだから、行ったことのない山でも、人の写真や文章で私はあらかた承知している。そして日本百名山のリストを自分でこしらえた。まだ未定稿であるが、数えてみると、百のうち七十くらいは登っている。あとの三十がこれからの宿題である。実際に登ってみて更に検討を加え、還暦までに最後の決定をするつもりである。十二三の頃から始まった長い私の登山の歴史も、そこで一仕上りというわけになろうか。

どんな山が名山か、ということを説明にかかると長くなる。あくまで私の主観に頼ることは勿論だが、またあらゆる点からみて客観的にも尤もと思われるものを選びたい。よく新聞などで「日本新名勝百景」といった風のものが、営業政策的な投票の多寡によって決められることがあるが、あんな類のものよりは私の日本百名山の選定の方が確かである。そういう自信がある。

橘南谿の「東遊記」の中に「名山論」という文章がある。人々は皆それぞれ自分の郷土の山川を自慢して天下第一と言うが、甚だ信じ難い、自分の見るところでは先ず名山と称すべきものは、立山、白山、鳥海山、月山、岩木山、岩手山、彦山、開聞岳、桜島山だと言っている。

日本の名山をこれだけに限ったのは、今日からすればおかしいが、しかし何しろ百五十年前のことである。旅行の困難な時代にこれだけ見て廻ったことは、偉とせねばなるまい。

谷文晁に「日本名山図会」三冊がある。その中に採用されている山の数は全部で九十に及んでいる。その殆んどが文晁の写生と見なしてよい。山の形が誇張されたりデフォルメされたりしているが、決して出鱈目（でたらめ）ではない。私はその写実性を実物によって証明することが出来る。これも約百五十年前の出版である。街道筋からよく眼につく、諸国のいわゆる名山は大てい載っている。しかしその九十の中には、房州の鋸（のこぎり）山とか、伊勢の朝熊山のような小山まで含んでいるが、日本アルプスでは駒ヶ岳、御嶽、立山の三つだけである。だから深山幽谷の開拓された今日の登山現勢から見ると物足りないことは勿論であるが、この本にそんな不平を出す方が間違っている。

　橘南谿も谷文晁も大へん山が好きだったに違いない。私たちの大先輩である。ただ彼等の時代は交通不便のため、もっと立派な山々が日本にあることを知らなかった。信州や飛騨の奥山が日本アルプスという名で紹介され始めたのは、明治になってからである。それ以来登山の趣味は年を追うて盛んになり、もう今では隠れた山は全く無くなった。そこで私は新しく日本の百名山を選んでみたい。もっともこれは私の独断的選定であるから、諸方から横槍を入れられるかもしれない。それでいい。

　私の選定の基準はいろいろあるが、第一は山の品格である。人間にも人品の高下があるように、山にもそれがある。それから山にはそれぞれの個性がある。個性の顕著なものが平凡なものより優ることは、芸術作品と同一である。

編集子の依頼は、その日本百名山の候補の中から、一般にあまり知られていない山を三つ四つ選んで書けということである。

雨飾山

今年（一九五八年）の正月休みに私は白馬山麓へスキーに行った。大へんな人であった。その雑踏したスキー場に立って、私の眼の一番引きつけられたのは、遥か北に当って、端正なピラミッドにそびえている美しい小さな山であった。それが雨飾山（あまかざり）である。

大町から北へ進むと、行手にこの山が見えてくるのだが、多くの人は眼前にすぐそそり立つ白馬連峰の偉容に魂を奪われてしまって、この可憐な遥かな山に注目する人は殆んどないようである。

雨飾山は、その気品のある山の形と、響きのよい変った名前と共に、長い間私の憧れの山であった。戦前、私は二度その山に登りに出かけ、二度とも目的を果さなかった。そして去年の秋、やっとその頂上に立つことが出来た。私が白馬山麓のスキー場から眼を熱くして眺めたのも、故（ゆえ）なきことではない。

雨飾山は信州と越後の境に立つ、一九六三メートルの山である。最初私は越後側から登ろうとした。しかしその当時はまだハッキリした道がなく、途中で道のない所を散々迷ったあげく、無念の思いで引返した。越後側に遠ざかると、この山はその広い肩の上に二つの峰を猫の耳のように立てていた。

二度目は信州の奥の小谷(おたり)温泉からだった。しかしこの時は雨続きで、温泉に四日も待機したが、天は私に幸いしなかった。五日目に雨飾山の脇の峠を越えて越後へ抜けた。振り返ると、向って左の方が心持高い二つの耳が、陸まじげに寄り添って相変らず美しかった。

　左の耳は
　僕の耳
　右は　はしけやし
　君の耳

そんな出鱈目を口ずさみつつ山から遠ざかりながら、雨飾山に対する私の思慕は増すばかりであった。

そして三度目の去年の秋、満山紅葉の盛りに、しかも一点の雲もない無風快晴の日に、ついにその頂上に立った。雨飾の山霊は私の長い間の思慕に応えてくれたのであろうか。

私たち四人は、山に明るい炭焼爺さんを雇って、小谷温泉を出発した。始めのうちは伐木搬出のトロ道があったが、やがてそれも無くなり、あとはずっと谷川の徒渉を繰り返しながら上って行った。

上るに従って谷は嶮岨になり、滝にぶっつかってその横を高捲きしたり、滑りっこい草つきをトラヴァースしたりの苦労で、思いのほか時間がかかったが、道のない山を登る一種の探検的興味はあった。

フトンビシと呼ばれる巨大な岩の間を通り、谷の詰めの最後の急坂を攀じ登って、ようやく頂上に達した。頂上に半ば風化した古い地蔵が三体、日本海に向って立っていたところを見ると、昔から由緒のある山であったに違いない。

笈ヶ岳

山塊として白山山脈ほど厖大なものは珍しい。それは越中・加賀・飛驒・美濃・越前・近江の六国に亘り、庄川、手取川、九頭竜川、長良川等の水源となっていて、その間に多くの秘境や渓谷を宿している。おそらく登山家に知られることの最も薄い一大山塊ではなかろうか。

此頃は各大学の山岳部とも、冬季登山には北アルプスを舞台にポーラー・システム（極地法）の訓練に励んでいる。もしそれが長い距離の前進キャンプと深い積雪を行く訓練であったとしたら、白山山脈ほどの好試練場はないだろう。北アルプスの花やかなのに対して、こちらは北国人のようにモゾモゾと地味であるが、この地味な山を地味に歩く傾向が、近頃の登山者の間に薄れているように感じられる。遺憾なことだと私は思う。

厖大な白山山脈から、私は日本百名山を三つ選び出したい。その第一は言うまでもなく白山主峰である。これは問題はない。あとの二つは能郷白山と笈ヶ岳（おいずる）である。

白山は私が子供の時から眺めながら育ってきた郷土の山である。私の生れた町からは、白山主峰が真正面に仰がれ、その主峰から連々と山脈が北に続いている。その果（はて）に一際目立って気高く存在を示しているのが笈ヶ岳である。標高一八四一メートル。

笈ヶ岳は越中・加賀・飛騨の三国にまたがり、遠くから望んでも貫禄をそなえた立派な山だが、登山的に見ても、こごしく装われた岩ぶすまと、それと対照的なのんびりした草地とを持った、興味の多い山である。が何しろ山が深い。登山路もない。ただ郷土の若い元気のある山狂いが、まだ雪のある時分に登るだけである。おそらくこの山の頂上を踏む者は、一年に十人にも足りないだろう。

それほど原始的気分に充ちた山であるが、しかしこの山にも古い由緒があった。明治三十七年の夏、時の農商務省の開拓班の技手たちが、土地の選り抜きの山案内七人を連れ、白山山脈の長い尾根を辿って笈ヶ岳の頂上を極めた。そして測量点を立てるために、石を取除けて土を掘ると、その下から経筒や太刀(たち)や黄金仏などの多くの秘宝が出てきた。

その後、参謀本部の陸地測量部員も又この笈ヶ岳の頂上で経筒二個を発見した。その一つは「大聖寺(だいしょうじ)住僧善養坊同行十二人奉納六十六部如法経」であり、もう一つは「武州太田庄光福寺住僧奉納大乗妙典六十六内一部」であった。この二つの経筒は東京の国立博物館の蔵品となっている。

もう数百年も前に、すでに勇敢な坊さんたちは笈ヶ岳に登っていたのである。白山が千年前に泰澄大師によって開かれたことは広く伝わっているが、その後も白山修験道の僧侶たちは幾人も白山山脈を踏破していたのであろう。アルピニズムのやかましい今日でさえ、登山者の登ることのごく稀(まれ)な笈ヶ岳に、かつてはもっと盛んなアルピニズムの時代があったのかもしれない。

開聞岳

原則として、日本百名山には千五百メートル以下の山は採らないことにしている。山高きをもって貴からずではあるが、やはり見栄（みばえ）のある山であるためには、ある程度の高さを必要とする。

ただ私はこの原則に二つの例外を作った。一つは筑波山である。日本の最も古い文献の常陸（ひたち）風土記に出てくる古典的価値を持つ山であり、また武蔵野の一端にそびえてよく眼に立つ山であるからでもある。

もう一つの例外が開聞岳である。その独創的な個性で名山として推すに足りる。これほど完全な円錐形をそなえた山も稀であろうし、しかもその見事な全身を海中に乗りだした、これほど卓抜なデザインを持った山も珍しかろう。

開聞岳の名に私は中学生の頃からなじんでいた。近所に七高造士館に行っている先輩があって、帰省する毎に西郷さんと開聞岳はその話から洩れることがなかったからだ。

昭和十四年十二月、私が始めて鹿児島の土を踏んで、その海岸から、遥か彼方に、消え入らんばかり微かに、開聞岳の正三角形を望んだ時、私はもうその山に登らずにはおられなくなった。

　薩摩半島の南端にあるこの山は、高さは九二四メートルに過ぎないが、しかしそれは海岸ゼロ・メートルから直ちに立っているので、見た感じは決して低くない。実に見事な山である。その秀麗な姿によって薩摩富士の名を得ている。

　その登山道も一種独特である。円錐形を直登するのでもなく、ジグザグの登りでもない。

　山を螺旋状に時計の針の方向に一廻り登ると、そこが頂上になっている。これは開聞岳が完全な円錐体である上に、殆んど幅射谷の浸蝕がないために、こんな珍しい道がつけられたのだろう。

　始めのうちは密林の中を行くが、中腹以上まで登ると、イヌツゲの多い灌木地帯になって素ばらしい見晴らしに恵まれる。山を螺旋状に巻いて登るのだから、次々と新しい風景が展けてくる。

　見おろす景色は殆んど海で、山に登りながらこんなに海を享楽できる山も珍重に値する。

　昭和二十一年の七月、私は中国の俘虜生活を終えて、上海から日本に戻って来た。

船が九州の南端に近づいてきた時、暁方の空にまず私の眼にしたのは、この開聞岳のピラミッドであった。日本に帰ってきたという感じを、この時ほど強く味わったことはなかった。

高妻山

元イタリー大使の日高信六郎さんは、現在日本山岳会の副会長であり、私たちの山の先輩である。長い間の海外の外交官生活でブランクになっていた日本の山を、今せっせと登っておられる。私より十も年上でありながら、青年のような情熱をもってである。

去年〔一九五七年〕九月の連休はどこの山へ行こうとしても、大混雑を覚悟せねばならなかった。ところが連休を過ぎて間もなく日高さんにお会いすると、その温顔に人なつこい微笑を浮べて、

「高妻山へ行ってきましたよ。誰も居ませんでしたよ。山にも盲点があるんだね」

さすがは山の古強者（ふるつわもの）であると思った。そして私の大好きな高妻山が、連休の群衆に冒されずに、その孤独を保っていることが大へん嬉しかった。

普通戸隠連山と呼ばれている一群の山、即ち、戸隠山、飯縄山、黒姫山等の中で、私が一番尊重しているのは高妻山である。それは飯縄や黒姫のように平野からすぐ見える山ではない。遠く離れた時、連山の奥の方に、ようやくその気品のある姿を見せてくる山である。

アンドレ・ジイドの言い方を借りれば、年月の距離をへだてるにつれて、現代流行作家の山脈の裏に、今まで隠されていた真の作家がせり上ってくる、遠ざかれば遠ざかるほどそれが顕著になってくる、――そういうおもむきが高妻山にある。

志賀高原や菅平など遠くから眺めた時、始めて高妻山の値打ちが分ってくる。そしてそのすぐ傍らに、あたかもかしずくように乙妻山がつつましく控えている。高妻は二三五三メートル、乙妻は二三一五メートル、戸隠連山では最高であるのみならず、山の品格から言っても一番すぐれているにも拘わらず、一般にはあまり知られていない。出しゃばらないからである。

高妻・乙妻といつも私は並べて呼ぶが、何というひびきのよい優しい名前だろう。そして実際、一つは男性的に、一つは女性的に、寄り添っている姿は、対に呼ぶのにふさわしい。

私がその高妻山にあこがれて行ったのは、もう二十年も昔のことである。ある年の秋の初め、戸隠の中社で一泊した私は、翌日戸隠山に登り、屏風の上を歩くような表尾根を辿って、更に五地蔵岳まで登った。そしてその頂にあった破れ小屋で一夜を明かし、翌日高妻、乙妻に往復してくるつもりであった。

ところが明けてみると、一面の深い霧で、自分のまわりのほか何も見えない。ただ一人の私は寝袋にもぐりこんで霧の晴れるのを待った。がいつまでたっても白濁の幕は一向薄れそうもない。ついにあきらめて山を下った。

それ以来、高妻・乙妻は私の心残りの山になっている。いつかはその頂上に立つことが出来ようと、久しく私の憧れの山になっている。

みちのくの山　青森・秋田・山形の山々

本州で一番北にある山は、下北半島の恐山(おそれざん)である。高さ千メートルに足りないけれど、古くから名山として世に聞えていた。戦前私はそこへ訪れたけれど、霊場のお寺に一泊しただけで、山へは登ることができなかった。そのへん一帯の山は大湊の要塞地帯に入っていたからである。

恐山は幾つかの峰の集りで、その中の最高峰は朝比奈岳九九五メートルである。昨年〔一九六〇年〕私は下北半島を再訪した時、この最高峰へ登ろうとしたが道がわからなかった。多年営林署で働いていた一老人が道を知っているというので、その人を雇って登るつもりでいたところ、営林署のストライキの余波で、とうとう断念せねばならなかった。いい機会を逃して、今もって残念である。

青森県の代表の山は岩木山だろう。一名津軽富士と呼ばれているとおり、左右に長く裾をひいた富士形の山で、弘前のお城あたりから見た姿はまことに美しい。石坂洋次郎も太宰治もこの山を眺めながら育ったので、二人とも讃美の文章を書いている。私が登ったのはもう三十年も前である。

岩木山が独立した一つの山であるにひきかえ、八甲田山は数峰が群がり立っていて、遠くからではあまり見栄えのせぬ山であるが、実際にその山中へ入ってみると、これはまた実に豊富な景色を持っている。八甲田山は、八つの峰と田（すなわち湿原）があるので、そう名づけられたというが、全く山と高原から構成された風景は独得である。

秋田県に入ると八幡平（はちまんたい）がある。これは山全体が広大な高原状をなしていて、そのため山と呼ばずに平（たい）と呼んでいる。しかし一六一四メートルの三角点をもった立派な山である。山中に蒸（ふけ）ノ湯という原始的な珍しい湯があって、私が行ったのはもう二十年前のことだけれど、一日の宿料十五銭という素朴な宿であった。

田沢湖の近くにある駒ヶ岳は、まず秋田県の名山と称していいだろう。日本には駒ヶ岳という山が多いので、区別するために秋田駒ヶ岳と呼ばれている。田沢湖から眺めると、雄大というのではないが、品のいい、美しい形をしている。そこへ登るには乳頭温泉からするが、これは谷間に存在する温泉群の総称で、実に豊かな湧出量を持っている。

しかしなんと言っても断然立派なのは、秋田と山形の県境に立つ鳥海山である。東北第一の高峰であるのみならず、その気高い姿は日本名山としても恥ずかしくない。昔から名山と称せられた山はたいてい信仰に関係があるが、鳥海山もその山頂に大物忌神(おおものいみのかみ)が祀ってあり、創建年月は明らかでないが、用明天皇の御宇(ぎょう)、正一位を授けられた旨が史実にみえているから、千三、四百年前から名山として尊崇(そんすう)されていたことがわかる。

酒田あたりから眺めると、庄内平野の果てに、日本海のすぐ脇に、毅然としてそびえ立っている姿は、全く斎藤茂吉の歌ったとおり、「ここにして浪の上なるみちのくの鳥海山はさやけき山ぞ」である。実際に登っても、高原あり、湖水あり、岩壁ありで、変化のある楽しい山である。

山形県は西北方の庄内平野で海に面しているだけで、他はすべて山に取り囲まれているから、挙げるべき山が多い。鳥海山を初めとして、船形山・蔵王山・吾妻山・飯豊(いいで)山・朝日岳・月山等。山形県の観光課はこれらをすべて自分の山として誇っているが、しかし多くの山脈は県境を走っているものであるから、独占というわけにはいかない。飯豊山などはむしろ新潟県の山とみなした方がいいし、吾妻山なども福島県の方で所有を主張したいところであろう。

純粋に山形県内にある山は月山である。芭蕉の「奥の細道」にも詠まれたこの山は、全くその名のとおり月のように優美な、私の大好きな山である。月山・湯殿山・羽黒山を出羽三山と呼んで昔から有名であるが、後の二者は取るに足らぬ低さの山で、月山のみが独り高い。

朝日岳は磐梯朝日国立公園が定められてから、ようやく注目されだしたようだが、それでも磐梯の大繁昌に比べると、朝日の方はまだまだ知られていない。それだけにまだ野性的な自然を残しているところがいい。私が朝日連峰を縦走したのは三十五年前だが、その頃は朝日岳と言っても、一般には知っている人もなかった。

蔵王山は宮城県との県境にあるが、まずこれは山形県の山とみていいだろう。戦後はスキーのパラダイスとして名をあげ、その麓の温泉も、鉄道の下車駅も、すべて蔵王という名に変えてしまった。戦前私は毎年の正月休みには蔵王へスキーで登るのを楽しみにしていたが、銀座的花やかさを呈するようになってからは、まだ一度も行ったことがない。

富士山

富士山ほど見ていて私に「偉大なる通俗」という感じを抱かせるものはない。

どんな山にも一癖あって、それが個性的な魅力をなしているものだが、富士山はただ平凡で大きい。あの俗物め！と小天才たちは口惜しがるが、結局はその偉大な通俗性に甲(かぶと)を脱がざるを得ない。

全く万人向きである。それは何ン人(なんびと)をも拒否しない。しかし又何ン人もその真諦を探しあぐんでいる。幼童でも富士山の絵は描くが、画壇の大家も手こずっているのが富士山である。生涯富士山ばかりを撮ってまだ倦きたらない写真家もいる。一見何の曲もない円錐の大図体でありながら、それは無限の変化の美を提供する。

ワンサと人の押しかける庶民の山であると同時に、先鋭なアルピニストの氷雪の道場ともなる。簡単な歌の文句にもなれば、哲学者の深遠な思索の対象ともなる。富士山は万人の摂取に任せて、しかも人に許されない何物かをそなえて、大きくそびえている。

「見れど倦かぬかも」と詠まれた万葉の昔から、われわれ日本人はどれほど多くのものを、富士山に負うてきたことだろう。もしこの山がなかったら、日本の歴史はもっと別の道を辿っていたに違いない。

ピーク

ピークはふつう「峰」と訳されるが、それはただの峰ではなく、先のとがった峰である。でないとピークという語の感じが出ない。つまり富士山ではなく槍ヶ岳である。富士山でも頂上の剣ヶ峰はピークと見なしていいだろう。そう解すると、ピークとは山全体ではなくその頂の尖端部を指すようにも思われる。

私はようやく念願の「日本百名山」ぜんぶの登頂を終えた。追憶するとあちこちの山の頂が眼に浮んでくる。お花畑であった頂上、切り立った細長い頂上、木に囲まれた頂上、古い地蔵のあった頂上、その他いろいろの頂上。どの頂上もそれぞれの個性を持っていた。

さてそのうちどれがピークの名に値いするだろうか。日本の山は大ていい優しい姿をしているから、西洋のように激しいピークは見あたり難い。一方から見ると鋭い穂先をしていても、方面を変えるとなだらかな線になってしまうものも多い。どこから眺めても本当のピーク、それを思い出してみよう。

利尻岳は一つの円い島全体へむかって引きしぼったような形であった。裾野の末が海岸線で、海に沿う道が島を一めぐりしていた。利尻岳はその中心だから、どこからでも見えた。殊に南側から仰いだ時、繊細と言いたいくらいの鋭い針で空を刺していた。島を離れて海上に出る。遠ざかれば遠ざかるほど、麓は消えて、山の鋭角がいよいよ増してくるように見えた。

剱岳はたくさんのピークを盛りあげて出来たようであった。たくさんのピークが頂上目がけて駈け上ろうとしている、そんなふうにも見えた。そして最後の勝利者が頂上を占めて、威風颯々と周囲を睥睨（へいげい）している。ピークの集合体でありながら、やはり全体としては一つのピークであった。くろがねの剣。ほかの山がみな真白になっても、この峻嶮（しゅんけん）な岩のかたまりは雪をふるい落してその黒い肌を見せていた。

槍ヶ岳こそ日本のピークの代表である。どこからのぞんでも、それは本当の槍の穂で天を突いている。悲しいばかりひとり高く突っ立っている。連嶺の中にありながら、あんな孤独な山はない。かかっていた雲が薄れると、まず姿を表わすのが槍の穂である。「あ、あそこに槍が!」何度私たちはそんな声を発したことだろう。ピークの中の一番のピーク、槍ヶ岳。

甲斐駒ヶ岳はピークというより金字塔（ピラミッド）といったほうがふさわしいかもしれない。しかしピラミッドなら他にいくつもある。その頂上が颯爽と胸のすくような線をおろしているピラミッドは少ないのだ。甲斐駒の本領は、遠くから眺めた時、一段と発揮される。南アルプスの巨峰群が重畳している中に、この端正な三角形は少し離れて、その独自な存在を誇っている。

ペンよりも足の功

読売文学賞受賞者の言葉

山のことを書いて文学賞をもらおうとは夢にも思わなかった。「日本百名山」はペンよりも足の功だと思っていた。目次をひろげて、よくもまあこれだけ登ったものだと、自分でいい気になることはある。山岳賞だったら自信はあるのだが、文学賞は少々おもはゆい。

百の山を並べたが、その文章にはできふできがある。よく知っている山は、言いたいことがたくさんあって、おのずから記述も勇躍してくるが、それほどでない山は書き渋って、濃度が薄い。文章は苦心ではない。認識の熟不熟である。よく書けなかった山には、申しわけがない。

私は山が好きだから、骨董（こっとう）を愛する人が骨董を見ると目の色が変わるように、山を見ると心がたかぶる。どんな山でもいい。五十年、私は山をながめ、山へ登ってきた。学者でもなければ、クライマーでもない。ただ山が好きの一事に尽きる。その愛する山にオマージュを呈しようというのが私の念願であった。

そのオマージュに文学的価値をつけてくれたのは、林房雄君である。彼が文芸時評で過分にほめたので、私の本が評判になってきた。事実である。彼の発言力の影響の大きさをあらためて知った。このなつかしい旧友とは終戦後一度も会っていない。呼びかけるのもこれが最初である。林君、ありがとう。

私の本の名誉のもう一人の協力者は、新潮社の佐野英夫君である。私は無頓着(むとんちゃく)者だから、造本装丁は一切同君に任せた。本ができるまで一年以上もかかった。その間、彼は何かひそかに画策していた。できてきた本を見て、著者の私でさえ見惚れた。「日本百名山」の読者には、私の文章より、本のでき上がりをほめる人が多いのである。

わが登山史の決算 「日本百名山」

今までに私は数冊の山の本を出したが「日本百名山」はその総決算であった。雑誌に毎月二つずつの山を書いて、完結までに四年と二か月かかった。しかしそれは執筆のことで、登山には四十五年かかっている。

中学時代から山登りを始めて、還暦の年に至るまで、私は山をやめた年はなかった。百の名山を選ぶために、その数倍の山へ登った。百名山を書こうと決心したのは、二十五年前だった。

「日本百名山」を手にした人は大てい、目次を開いて自分の登った山を数えてみるのが常のようである。全部登った人をまだ聞かない。七十座の山にマークできれば、それは多い方である。

何も数多く山に登ったことが自慢にはならないが、前人がだれもしなかったことを成しとげたという、私だけの喜びは大きい。しかもそれが立派な一冊の本になって、喜びはさらに加わった。

自分で立派というのはおかしいが、それは私の文章のほかに、私の山の友人たちが協力して立派にしてくれたからである。表紙の版画は大谷一良君、奥付けの印は佐藤久一朗さん、それから地図作製や写真にも多くの友人の援助があった。そしてそれらの材料を使って一冊の本に仕立てた、いわばコンダクターの役が新潮社の佐野英夫君であった。「日本百名山」を文芸時評に取りあげて絶讃してくれたのは林房雄君であり、それを読売文学賞に強力に推薦してくれたのは小林秀雄君であった。そしてこれほど大勢の読者から手紙をもらったこともない。

「日本百名山」は私の友人たちや読者諸氏に過分に祝福されて、順調な売れ行きを続けている。

III　静かな山旅

雪渓

わずかの登山客がみな出払ってしまってから私はゆっくりと剱御前小屋を出た。きょうも上天気である。朝は元気がいい。私はたちまちの間に駆け下りるようにして剱沢小屋に着いた。小屋の近くに二つほどテントが張ってあった。

小屋へ声もかけず私は下りを続けた。はじめ道は剱沢の右岸に細々とついていたが、やがて雪渓のうえに出る。さっきのテントにいた岩登りの連中であろうか、二人の青年が軽いリュックとザイルを肩にして、尻軽に私を追い抜いて行った。

雪渓は幅四十メートルもあろうか。両岸が切立ったように高くそびえているので、廊下の底を行くような感じである。傾斜は大したことはないがときどき段があって、グングン谷底の方に下って行く。

私はたった一人、どちらをみても人かげもない。身にしむような太古の静寂で、声をあげると陰にこもったコダマがする。みあげると、両岸の高い山に切りとられた細長い空に、しかもなんともいえぬ深い青色をした天に、淡い白銀色の三日月がかかっていた。

山旅のあいだにはどこかに感興のクライマックスがあるものだが、約一週間のこのときの私の一人旅では、この雪渓の底から残月を仰いだときが、私の醍醐味の絶頂であった。私は無限に幸福であった。こういう一刻があればこそ、私は登山をやめられないのだ。

いい気持で下って行くうちに、やがて左手から平蔵谷の雪渓が落ちこんでくる。この急峻な雪渓を私はきのう下ったばかりなので特別なつかしくみあげる。平蔵谷は落口に近く両岸の岩が迫って門戸のように狭くなっているが、その上方に空高く続いている雪渓がみあげられた。

剱沢はそこから源次郎尾根のすそを回るようにして下って行くと間もなく長次郎谷雪渓の出合に達する。長次郎といい平蔵といい、いずれも剱岳初期登攀時代の名ガイドの名前である。長次郎谷雪渓は平蔵谷の雪渓よりも距離は長いが傾斜はいくらか緩い。

剱沢の雪渓も真砂沢の出合まで下ると、もう廊下のような感じはなくなって谷が広くなる。雪渓はまだずっと下まで続いているが、ここから左岸に道がついている。こんな道がなかったら、われわれはなおも忠実に雪渓の上を下って行かねばならぬだろう。そしてその方がときどきクレバスに出あってひどい苦労をしなければならぬであろうが、山の興味は数倍するだろう。

登山の流行は便利な新しい道を開拓はしてくれるが、そのため本当の山の楽しさを犠牲にする。すばらしい感動的な景色は、つねに苦労を経て達するところにのみ隠されている。

真砂沢出合以後の剱沢左岸の道はつまらなかった。ほとんど雪渓から離れて上り下りのうるさい平凡な道を行くだけである。藪（やぶ）の中に通じているのでながめらしいものもない。むやみに汗ばかり流れてなにの楽しみもない。楽しみがなくなると、肩の荷が急に重くなってくる。

やがて二俣に出て一息つく。左手から入ってくる小窓谷との合流点である。ここに近藤岩と称する大きな岩が転がっている。剱沢はこれから下流は人が入らない。もっとも険難の谷となるからだ。もしあくまで下ろうとするならザイルと最上級の熟練とを要する。普通の登山者はここから小窓の谷に入り池の平の小屋へ登る。

小窓の谷を雪を踏んで登って行くと、間もなく真正面に小窓の雪渓が、まるで大きな雪の柱でも立てたような壮観で、われわれの額を圧する。まともに見るから垂直に近い感じがする。てっぺんの小窓と称するギャップまで見事に突きあげた一本の雪渓である。

旧道趣味

小学生の頃、我々腕白者(わんぱく)どもが、

「新道が出来ても旧道を忘れるな」

と連呼しながら、裏山に出来た新道を避けて、旧道を迂回し駈け下ったことを覚えている。深い意味はない。ただ子供の遊び心である。

「新道が出来ても旧道を忘れるな」とは格言としても語呂が悪くエスプリもなく拙い出来だとは思うが、しかしその言葉が妙に僕の記憶にこびりついている。

去る八月中旬（一九四九年）、僕は久しぶりで重いルックザックを背にして単独越中の剱岳（三〇〇三米）に登ってきた。行程一週間ほどを連日の快晴に恵まれて、まことに楽しみの多い山旅であったが、その第二日目、弥陀ヶ原の追分小屋の十字路に立って、左へそれる道を取ろうとすると、

「道が違いますよ」と小屋の中から呼び留められた。

「いいえ、旧道の方へ行くんです」

僕はそう云ってさっさと歩き出したが、おそらくこの頃この旧道を通って登るような胡乱（うろん）な人は居ないのであろう。新道（と云ってももう十何年も前につけられたものだが）の方がずっと道もよく時間も経済なのである。しかし僕は旧道を採っていいことをした。これは古くからの登山路で、一ノ谷という沢を越えたりする苦労はあるが、獅子岩という名物の見事な岩も見ることが出来たし、何よりも人通りがなくて閑静なのがよかった。眺めも僕は新道よりはこちらの方がずっと優れていると思った。哀草果（あいそうか）氏の所謂「白装束頂上主義者」ではなく、人が一日で行くところを二日かかるつもりの暢気（のんき）なプランであったから、僕は広々とした高原のところどころにある美しい池塘のほとりに寝そべったり、百メートルも行かないうちにもう腰を下して周囲の風景を倦くほど眺めるというダラシない歩きかたであったが、しかしその愉楽は又格別であった。そして僕は思った、ああ旧道とは何という良さを持っている事だろう！

歩くことが唯一の交通であった昔の人は、あだおろそかに道をつけてはいない。もちろん無駄な遠廻りなどはしていないが、ただ便宜ばかりを顧慮してはいなかったようである。そこには何か旅人の心を娯（たの）しませるようなものが附加されている。

ところがその後機械力が発達してどんな個所にも道を拓くことが出来るようになると、一切の趣味的なものを犠牲にしても、専ら近道的な、便宜的な、理屈一点張りな、労力と時間の経済的な、一言にして云えば功利主義的な新道が出来てきた。そして人々は皆新道を採用して旧道を顧みなくなった。

それは当然であろう。僕もゆとりでもある時でなければわざわざ旧道を通ったりはしない。それは中学生の頃便利な「道楽字引」（一名「虎の巻」とも云った）が出来ているのに、苦労して漢和大辞典を引くようなものである。

だが僕は時々こういう風に考える。もしこの新道が出来てくれなかったら、余計に歩く苦労はしなければならないだろうが、しかしそのため又どれだけの得が追加されたかもしれないだろうと。道がすべて産業道路のように没趣味になっては、歩く楽しみというものもなくなってしまうであろう。

僕は何も回顧趣味に耽るわけではない。近代科学の恩恵にあずからぬことは馬鹿げている。しかしヴァレリイが、近代の人間の精神的怠慢は科学の発達に仍る、という意味のことを云っていたことを思い出すのである。スピードとイージーが容易く手に入る結果、我々はもはや苦労して獲ようとはしなくなった。

さて、僕の山旅はそれから剱岳の絶頂を極め、急峻な平蔵谷の雪渓を下り、剱沢から池ノ平を経て、仙人谷を黒部へ下ったのであった。この仙人谷というのも、以前は下手すると一日もかかったそうであるが、今は良い道がついているので三四時間で下ることが出来る。

登山の大きな娯しみの一つに沢歩きというのがある。沢筋を忠実に辿ることであって、大きな岩壁に行手をはばまれて高廻りをしたり、滝にぶつかってそこを通過するために色々と頭を働かせたり、実に苦労と危険の多い、時間のくう進みかたではあるが、しかしそこに何とも云えぬ娯しみがある。そして本当に谷を鑑賞するには、この方法によらなければならない。

僕は仙人谷の歩き良い新道を足に任せて下りながら、この新道のおかげでこれほど楽々と帰路の節約が出来ると感謝しつつも、又一方で何か物足りなさを感ぜざるを得なかった。沢を歩くという娯しみは全くないのである。

その思いは黒部渓谷へ出て尚一層であった。日本発電の軌道が高々と山の中腹に通じていて、それを利用するためどれほど時間と労力が省かれるかしらないが、黒部の真髄とも云うべき壮厳と神秘さには全く触れられなくなってしまったのだ。僅(わず)かにその一斑を覗き見るだけである。以前この軌道が無かった頃、登山家 冠(かんむり) 松次郎氏などは、異常な努力を払ってその真髄に直面されたのであった。僕はつくづく冠松次郎の労苦を察しながら、又羨ましくも思った。
真の苦労を払わなくては、真の醍醐味は得られない。
この平凡な感想が、こんどの山旅で僕が身に沁みて得た教訓の一つであった。

氷雪の富士山頂

完全な登山というものはめったにできないものだ。完全というのは天候、体力、宿泊などすべてに恵まれて何一つ不愉快なことや後悔がなく、めざした山を思い残すところなく十分に楽しむことである。ところでなかなかそんなわけにはいかない。どこかに故障がおきる。天候はいたし方ないとしても、体の工合がよくなかったり、小屋泊りが不愉快だったり……。

長い私の登山経験をふりかえってみても完全登山といえるものは数えるほどしかない。ただ無事に頂上へ登ってくるだけでは完全とはいえない。厳冬の富士へ登ったのはもう十何年前だが、これなどは完全登山に近いものだったろう。三人で行ったが三人とも技術も経験も体力もそろっていた。そのうえ天候にも恵まれて、冬季の富士山のあらゆる気象条件を味わった。

御殿場口から登った。いい天気だった。五合五勺の小屋までスキーでいって、その夜はその小屋で泊った。ちょっとのすき間からも細かい雪の粉末が舞いこんできたが、ドッサリ炭火をおこして寒い目もせず眠った。

翌日、頂上の観測所まで登った。スキーの使えるのは六合目あたりまでで、それからアイゼンに代えた。この日も快晴だったが、その代り物すごい風だった。あとで観測所で聞くと風速四十メートル、零下二十何度ということだった。私たちは頂上の観測所で三晩泊めていただいて、その間に冬の富士頂上を思い残すことなく歩きまわった。

最初の日はお鉢めぐりをした。冬の富士頂上は氷で張りつめられていて、アイゼンなしでは一歩も歩けない。お鉢（噴火口）を一めぐりするうちに、この日本一の山から東西南北の旧知の山々を目が痛くなるほどながめた。こんな大眺望をほしいままにできたのも、厳寒快晴の富士頂上なればこそである。

次の日は噴火口の底に降りた。夏の登山期には神聖な個所として下降をゆるされぬ地だ。火口の底から見上げた空は一つの青い円で、その青さが神秘的に濃かった。まわりは断崖の火口壁で、氷雪にちりばめられたその壁が、日に輝いている美しさはこの世のものではなかった。

その夕方、この頂上だけを残してあとの世界は全部雲に埋められた。見渡す限り雲海につづく雲海である。その雲の上に大きな富士の影が映った。荘厳そのものであった。

三日目の朝、珍しく雪が四、五十センチ積って、しかもしばらく無風状態であった。私たちはこの期を逸せず、スキーをつけて出た。富士の一番てっぺんから太郎坊までスキー滑降のできたのは全く天候のおかげであった。今までに私はこれほど雄大でこれほど滑りがいのあるスキーをしたことはない。

ある山頂

ようやくナギを登り切って尾根に取りついた。むきだしのガレ場から森林帯へはいってホッとする。尾根伝いに木立ちの中の道を登って行くと、やがてはげた平地へ出た。一面に霧がかかって、少し遠い所はなんにも見えない。私たちはそこが太郎山の頂上とばかり思って弁当を広げた。ご料林の三角点の標石があるし、地面のはげぐあいや、それとないよごれ方がいかにも山の頂上らしい。霧を恨みながら食後のくだもののカン詰めを切ったりしていると、ひょいとその霧が裂けて、目の前にもっと高い別の頂上が現われた。

あ、あれが本当の頂上だ。私たちの休んだのは小太郎山の頂上だったのだ。霧はまたすべてを包んだ。荷をまとめて、本当の頂上の方へ向かう。初めしばらくややけわしい岩の下り道だったが、それから尾根筋の小さな上り下りをいくつか繰り返しながら、しだいに登りになる。途中の道ばたに、ささやかな一群の草花を見つけて私は足をとめた。エーデルワイスらしい。連れのS君もそれに違いないという。

欧州のアルプスで代表的な高山植物になっているエーデルワイス。わが国ではミヤマウスユキソウがそれに相当する。ウスユキソウには種類は多いが、山のロマンチストはすべてをひとくるめにエーデルワイスと呼んでいる。日本の代表的な高山植物としてはコマクサがある。しかしそれよりエーデルワイスが珍重されているのは、一種の欧化作用であろうか。

私の友人に日本の方々の山のエーデルワイスを集めている人がいる。白地の厚紙をバックにして額に収められた花は、なかなか美しい。そのコレクションに「太郎山にエーデルワイス」を追加して友人を喜ばせるつもりで、山から帰るととってきた一茎を送った。すると間もなく友人から返事がきて、あまりありがたくなさそうに「エーデルワイスらしきもの、ありがとう」と書いてあった。花の身元が不確かなため、彼のコレクションの額の中にはいらなかったらしい。

ウスユキソウに似たものにヤマホウコがある。ウスユキソウの下落したものとヤマホウコの高等になったもの（はなはだ非植物学的な言いかただが）との間の区別は、われわれしろうとにはちょっとわかりにくい。私の見つけたのはヤマホウコの方だったのだろう。

太郎山の頂上にはだれもいなかったが、長い年月に行者の山として人間臭がしみこみ、頂上の純粋性を失って、どこかすれたような感じだった。私たちは祠の横に腰をおろして、霧の晴れるのを三十分待ったがそのかいなく、ちょうど五、六人の声高な若者の群れが登ってきたのをしおに立ち上がった。

帰りは御沢へ下る道を取った。しばらく下ると、大きな岩の間を通り抜け、その岩には仏が祀ってあった。してみると行者の登拝道はこちら側が表口だろう。そこから明るい草地に出た。直径百メートルくらいの円形の気もちのいい原である。まわりは樹林に囲まれ、その中にシラカバの幹がスイスイと立っている。

どの山にもどこかに一つは美しい場所があるが、太郎山ではこの草原だろう。全くこんな山の中に思いがけなく、まるで秘めたような美しい静かな草原だった。いろいろな色の草花が咲いていた。私たちはその花の間にシリをおろして、小鳥の声に耳をかしていた。

その原を横切ると急ないちずな下り坂になる。その途中で、ようやく霧が動いて、前面に男体山が姿を現わした。大きな図体だ。その左に、大真名子、小真名子の峰も見えてきた。急坂を下りきって石のゴロゴロした水のない沢を渡る。そこからまた深い原生林の中へはいった。

御沢へ出ると、小雨が降り始めてきたので、携帯コウモリを広げて、その沢を下って行った。戦場ヶ原へ出て、バスを待つうちに雨がやんで、再び正面に大きな男体山が浮かび上がった。

上高地

私が初めて上高地を知ったのは大正十一年だから、もう四十年前である。もちろん車の通わぬ時代で、この仙境は徳本峠（とくごう）という高い塀で俗界と距てられていた。しかし私など仙境と呼ぶ資格はない。もっと前の上高地を知っていた辻村伊助氏の文章によると、私のころにはすでにそこは「俗了してしまった」地になっている。昔はどんなに静かで美しかったことだろう。

それでも私の知ったころの上高地には宿屋は二軒しかなく、人影もまばらであった。河童橋（かっぱ）もまだ粗末な橋であった。梓川（あずさ）に沿ってバスが通い出してから、俗界の空気が遠慮会釈（えしゃく）なく侵入し、今日の上高地の繁栄――と言うより雑踏となってしまった。

終戦後、登山が非常に盛んになって、聞く所によると、今年〔一九六二年〕の夏など槍の肩ノ小屋で一番登山客の多い日は六百人に及んだという。槍ヶ岳へ登るにも交通整理が必要だったそうだ。そのうち駐人場が出来、右折禁止の札が立つようになるかもしれない。

それらの登山者の殆んどが上高地を通る。その他に、ただ上高地遊覧だけの客がうんと押し寄せる。この遊覧客の中には、上高地を熱海や鎌倉海岸なみの遊び場と心得ている者もあるらしい。

ある時、河童橋の上で若い二人連れと擦れ違って、彼等の会話を耳にした。

「あの山、何というの」と女がきく。

「そんなもの、知ってるかい」男が空うそぶく。

彼等には穂高なぞどうでもいいらしい。河畔の宿の主人にその話をすると、「山の名をきくだけでも、まだいい方ですよ」という答であった。とは言え、私はやはり上高地の自然は美しいと思う。あれだけみごとな景色はそうザラにはない。

日本アルプスは、ヒマラヤの高度に遥かに及ばず、欧州アルプスの持つ氷河もないが、しかし日本アルプス独自の風景をそなえている。例えば純白の残雪が新緑の樹林の中まで垂れているような風景は、世界のどこにも見られないそうである。それは湿潤で降雪多量のためであるが、その湿潤性が豊富な森林の美しさを生みだしている。

数年前私はヒマラヤへ行き、そこから帰ってからますます日本アルプスが好きになった。その変化の多い、キメの細かな美しさは、世界でも第一流であると思う。

火山脈と褶曲山脈とが入り混っていることも、山の複雑さを形作り、山上には高原があり、湿地があり、それから清澄な湖沼にも恵まれて、天上の楽園をなしている。ただ残念なのはこういう美しい風景を汚す人があまりに多いことである。

北アルプスのローカル線

私は、高さは中級でもいいから、あまり人に知られない山へ行くのが好きだが、夏だけは例外である。内地の夏の二千メートル級の山は、まるで汗をかくために、登るようなものである。

どうしても三千メートルの日本アルプスへ足が向く。ただ困ることは、その混雑ぶりである。人の多い山ほど、私のきらいなものはない。それを避けるためには、幹線を歩かないことである。ローカル線へ逃げるに限る。

たとえば、北アルプスならば、燕（つばくろ）岳から餓鬼（がき）・唐沢岳へ行く道、黒岳から赤牛岳へ行く道、立山から大日岳へ行く道、エトセトラ。

立山から剱までは一級幹線である。登山者が行列をしている。しかし、その中間の剱沢乗越から、大日岳へそれると、今までの雑踏が、うそのように物静かになる。

このローカル線は、奥大日、前大日を経て、早乙女（さおとめ）岳という、やさしい名を持った峰へ続いている。そこまで行くのが、厄介なら、前大日から称名川へ下ってもいい。

奥大日岳の頂上は、すぐ目の前に雄々しい剱岳を眺め、ふり反ると、弥陀ヶ原の大高原が足もとに見わたせる。すばらしい展望台である。

大日山脈の尾根歩きは、大して急な上り下りもなく、眺めはよく、散策道路のおもむきがある。なにより、うれしいのは、人に会わず、静かな山歩きの楽しめることである。

立山と黒部

昔の立山登山者は、富山または滑川を立って上市を経て岩峅寺に至り、そこの雄山神社の前立社壇に参詣してから、雄山神社祈願殿のある芦峅寺まで行き、そこの宿坊に泊って山にかかるのが常であった。

岩峅寺は常願寺川に臨んで風景がよく、社殿は国宝に指定されたほど立派な建物だが、現在は登山者でここを訪ねる者は殆んどあるまい。みな電車で素通りする。私が初めて立山へ登った大正末期にはもうその電車は出来ていたが、まだ千垣までしか行っていなかった。そこから私たちは歩き始めて芦峅寺に行き、そこでガイドを雇って山へ向うのが例だった。

しかしその後電車が粟巣野まで延びて、芦峅寺へは寄らなくなったので、この由緒ある土地を知る人も少なくなった。昔はここが登山者で賑わったところで、たくさんの坊があって、諸国からの参拝登山者を泊めた。明治の末期から、信仰に関係のない近代登山がおこってからも、有名な立山のガイドは大ていこの芦峅寺の出身であった。芦峅で準備を整えた昔の登山者は、そこから材木坂を登って広々した弥陀ヶ原へ出た。あるいは称名滝(しょうみょう)の下まで行き、急な八丁坂を登って弥陀ヶ原へ出た。この山上の大高原には、ところどころ池塘が散在し、高山植物が咲き溢れ、眺めは広闊壮大、充分に山の気を味わいながら室堂(むろどう)に達した。芦峅から室堂まで一日で行くのは健脚の部であった。

ところが今は違う。十五年ほど前、麓から美女平までケーブルがついた時、私は立山の通俗化が始まったと歎いたが、そんな歎きは観光資本家にとっては物の数ではなく、弥陀ヶ原にバス道路がつけられ、それが次第に延びて室堂に及んだ。今や都会散歩風の軽装の人々で室堂付近は賑わっている。ある秋、バスで私の横に坐りあわせた団体の一婦人が、

「上に温泉があるんですか」と私に訊いた。

団体客は自分たちが、どこへ運ばれ、どんな風景に接するかも知らないのである。もはや信仰の立山は消え、登山の立山も消え、残ったのは観光遊覧の立山でしかない。それに拍車をかける設備がどんどん進捗している。室堂から立山の下を潜って黒部川に出るトンネル、それも完成した。ああ、二十年前誰がそんな大それたことを想

像しただろう。

トンネルを抜けると、黒部川のダムまで、ケーブルとロープウェイに乗りついで下りることが出来る。さらにダムから信州の大町まで、後立山の下をトンネルで潜って楽々と達しられる。つまり越中側から信州側へ、殆んど足を使うことなく、北アルプスの一番の中枢部を通り抜けることが出来るようになった。

材木坂、弘法小屋、獅子ヶ鼻、鏡石、天狗平、そういう昔からの立山のなつかしい名も、人々の記憶から忘れられてしまった。額に汗を垂らし、息を切らせながらも、それでもあたりの景色に眼を遊ばせ、ゆっくりと山登りを楽しんだ立山はもう無くなった。お山詣りとして神聖視された立山は、今は大衆の遊覧場と化した。

同じことは、黒部川についても言えよう。黒部のぬしと言われた冠松次郎氏、その冠さんが探られた頃の黒部渓谷は、普通の人の近づくことなど思いも寄らぬほどの秘境であった。上、中、下の廊下、S字峡、十字峡などという深山の幽邃(ゆうすい)な名前を聞くだけで、渓谷、高い絶壁の底を流れる清冽(せいれつ)な水が思いやられた。

その冠さんが老後ダムの出来た黒部を見に行かれた。潑剌とした青春の川、淵と滝と瀬をつらねた黒部の激越な奔流(ほんりゅう)はもう無かった。そこにあるのは、ダムによって去勢された水がよたよたと流れているだけであった。昔の黒部の立派さを考えると、何とも言えない淋しい気持になったと冠さんは語られた。

くろよん（黒部川第四発電所）は今や大衆向きの名所の一つとなって、年々訪ねる人がふえつつあるそうである。しかしくろよんは黒部渓谷ではない。高さ丸ビルの六倍というどえらいダムの上へ立っても、黒部渓谷の真相はつかめない。

たとえ昔の凄さは無くなったとしても、その渓谷美に接するには、一般の人には、宇奈月温泉から関西電力黒部鉄道によるほかないだろう。無蓋貨車を数輛つらねたこの軽便鉄道は、紅葉の頃には殆んど満員になるようである。さすがは黒部、移り行く渓谷の素ばらしさは送迎に暇がない。殊に東鐘釣山、西鐘釣山の間を行く咽喉は、絶景と称してよい。

軽便は欅平が終点で、一般見物客はそこから先へは行けない。そこから約五百メートルのエレベーターで上ると、関西電力専用軌道の奥へ続いているのだが、普通の人には利用出来ない。ずっとトンネルで、ところどころの切れ目から、深い渓谷を見おろすことが出来る。宇奈月のある旅館に上って昼食を食べていると、そこの女主人が出てきて、

「どうしてカンデンさん（関西電力）はあの軌道を開放してくださらないのでしょう」

と恨んでいた。専用軌道が一般の人に開放されたら、くろよん見物客の大半は宇奈

月へ下るに違いないからである。

ダムからトンネルで四キロほど下(しも)に地下発電所がある。いかに素樸(そぼく)な自然擁護論者で黒部渓谷の破壊者を憎む人でも、この発電所を見たら科学の力の偉大さにシャッポをぬぐに違いない。地表下一五〇メートルに建造されたこの大きなビルは、僅か十数人の住人によって運営されている。静寂な屋内に、ただ三台の発電機だけが耳を聾(ろう)するほどの響きを立てて、黒部川の水を撥(は)ね返していた。

三伏峠

日本で一番高い峠は、アルプスにある三伏峠（さんぷく）である。伊那の谷から甲州へ越す古くからの峠で、二五八〇米の高度をもっている。昔はかなり往来があったということだが、そんな事実が何の記録に残っているのか知らない。三伏という名の由来も知らない。

それに次ぐ高い峠は北アルプスの針ノ木峠で、高さ二五四一米、これは戦国時代に越中の城主佐々成政が越えたというので有名である。記録も残っている。針ノ木は榛（はん）の木から転訛（てんか）したのであろうと、その名の謂われもわかっている。

いずれにせよ、二五〇〇米を抜く高い峠を昔交通路に採用したということは、必要に迫られたとはいえ、えらいものである。

交通機関の発達した今日では、ちょっとした峠でトンネルが掘られて、その最高地点に立つことはなくなった。峠の上へ出て、ホットして汗を拭きながら、反対側の新しい展望に眼を見張るという楽しみはなくなった。

針ノ木峠なども、黒部へ通じるトンネルが出来てからは、だんだん通る人もなくなるだろう。その点、三伏峠の方はまだ大丈夫である。もちろんそんな峠へ登るのは、今では登山者以外にはいないが。

三伏峠へ行くには、以前はまず伊那大島から北条坂を越えて小渋川の上流へ出たが、今はそこまでバスが行く。この小渋川は昨年〔一九六一年〕の六月大氾濫して、地元に莫大な損害を与えたことは、そんなことに注意深い人々の記憶には、まだ生ま生ましいだろう。

水害から一年たったが、まだ完全に復旧していない。学者の説によると、小渋川上流の大鹿村は、日本の中央部を縦断する地質構造線の東端にあたっているので、地層がひどく揉まれ、断層が多くて岩石の崩れやすいところだそうである。

そこへ集中豪雨が来たのだから、山川が大荒れに荒れたのは当然であった。大河原部落などは山崩れで一瞬のうちに四十数名が死んだ。

三伏峠へ行く道は、小渋川の支流の鹿塩(かしお)川に入り、さらにその支流塩川に沿って通じている。その合流点の鹿塩部落には塩湯という塩辛い鉱泉がある。この鹿塩部落を含む大鹿村には、ほかにも大塩、小塩、塩原などという部落があり、塩という名前が多い。

大鹿村は外部から隔絶された山間の村で、大昔、健御名方ノ命（たけみなかたのみこと）がここを通過の折、塩を発見したと伝えられている。南北朝時代にも南朝の宗良親王を擁して北朝と戦ったという歴史を持っているが、そういう昔からこの地方では食塩の製造が行なわれて、味噌、醤油まで作ったということである。この奥深い山村で、海の塩よりも山の塩にたよったのは、まるで日本のチベットのような土地である。

塩川に沿って上って行くと、途中、山腹の高いところに点々と部落が見えるのも、ネパールの山地のようである。どうしてあんな高い不自由なところに家を建てたのだろうと不思議がるのは、昔の人の賢明さを知らないからであって、彼らは河谷の危険なことを予知していたのである。

昨年の水害でやられたのは皆、明治以後に谷の底にできた新しい部落ばかりであった。

塩川の上流から三伏峠にかかる。この登りはつらい。高度差千米以上の急坂つづきである。よく昔の人はこんな道を実用的に選んだものだ。

三伏峠を越えて大井川の上流へ下ると、そこからまた一つデンツク峠というのを越えないと、甲州へは出られないのである。

三伏峠の大井川寄りへ少し下ったところに、無人の山小屋がある。私は昨年の秋、雨のためにそこに三晩泊った。もう三伏峠のつらい登りを繰返すこともないだろうと思っていたところ、この六月再び峠へ登って、やはりその無人小屋で雨にあいまたも二晩泊った。

三伏峠はいつも私には雨であった。もう一度、こんどはよく晴れた日に、峠の上に立つことがあるかもしれない。

蔵王

蔵王といえば樹氷、というほど有名になった。たしかにその値打ちがある。片貝沼の平地からザンゲ坂を登りきると、そのモンスターの世界がひろがる。全く、奇妙な、おどけた、小坊主どもである。それが一面群がったところは、これは他の地上では見られない壮観であった。

峨々(がが)から登って、刈田(かった)岳の中腹にパラダイスと呼ぶところがあった。ここは闊葉樹だったから、小さな梢のさきまで、一本一本、ていねいに水晶で装われていた。花咲ける樹氷とでもいおうか。花より美しかった。

私は戦前は毎年のように正月を蔵王で過ごした。山形側なら高湯の高見屋、宮城側ならただ一軒の峨々温泉、そこを宿に、前の晩にスキーにシールを張り、テルモスに紅茶をつめて、翌朝山へ出かけたものだ。

私は戦後の冬の蔵王は知らない。金井駅が蔵王駅になり、高湯が蔵王温泉になり、リフトやゴンドラが架かり、あちこちに山荘が建って、蔵王へ蔵王へ草木もなびく蔵王は知らない。

なつかしいコーボルト・ヒュッテや清渓小屋、小屋らしいものはそれくらいで、ドッコ沼も寂びしく、七曲りを下手なスキーで下っても、人にぶつかるようなことはなかった。高湯も峨々も、両方の宿とも、旧主人は亡くなった。

蔵王の冬景色は、眼をつむれば鮮やかに浮んでくる。馬橇(うまぞり)で行った道も、吹雪く三宝荒神(さんぼうこうじん)も、妖しいほどひっそりしたお釜も、雪の壁に包まれた刈田岳のお宮も、あれから二十年たっている。

深山の秘湯

これから述べるのは、へんぴな山の中にある温泉である。みやげ物屋もなければ、タイル張りの浴槽もない、ひなびた温泉である。その後どんな変化があったか知らない。少なくとも私がそこへ行った時はそうであった。もしこれを読んでその温泉を訪ねてみようという気を起す人があったら、最近の事情をもう一度よくしらべてから出発していただきたい。私は職業旅行家ではないから、案内記を書くわけにはいかない。私は主観的な印象を述べるだけで、それが客観性を帯びているかどうかも、甚だ怪しい。一たい万遍なく客観的に書かれている旅行記ほど、面白くないものはない。それくらいならハンドブックの方がずっといい。ベェデカーなどの有益なのは、その数字だけである。

○

青森県の酸ヶ湯（すかゆ）などは、もうへんぴな湯として取上げるわけにはいかないだろう。私が最初にそこを訪れた昭和五年頃には、まだその資格があった。それから六年ほどして再び訪れた時にはもうかなり開けていた。八甲田・十和田が国立公園になってからは、おそらくあの素朴な山の湯の感じは、まったく消失しているに違いない。

いまは、大型観光バスの疾走する八甲田高原なども、私が最初行ったときは、細々とした、しずかな道であった。

酸ヶ湯から少し離れて猿倉と谷地（やち）の湯がある。ここは近在のお百姓たちの自炊ばかりで、普通の客を泊めてくれる設備がなかった。今はどうなっているであろうか。

八甲田から十和田に行く途中に万緑の濶葉（かつよう）樹林のなかに埋れたようなさま〔狭間〕に蔦（つた）温泉がある。

宿は一軒だが、れっきとした旅館であって、これも鄙（ひな）びた湯などとはもうされない。かつて大町桂月がこの湯で隠者的生活を送っていた昔はいざ知らず、現代ではクーポンのきく宿屋である。ただあの浴場はよかった。湯ぶねに使ってある大きな材木など、いかにも、素朴なおもむきがあった。湯ぶねの底にはごろた石が敷きつめられていて、その間から熱い湯が湧き上ってくる。あの浴場は今も存しているであろうか。ステンド・ガラスのタイルばりということになっていなければ幸である。

岩木山の南麓に嶽と呼ぶ温泉がある。石中先生行状記の中にも出てきたようだが、二十数年前私が行った時には、まだ電気も来ていなかった。嶽行の自動車が出るというので、その発着所へ行ってみると、何と荷物を満載したトラックが私たちを待っていた。乗客席というのはその荷物の上であった。今はそんな非文化的でもあるまい。湯座を囲んで、ひしゃげたような粗末な宿屋が十数軒あった。部屋は汚なく、食事には汁鍋をつけたお膳が来た。おかずは何もなくキャベツばかりであった。しかしこんな山の湯へ来て、部屋や食事の悪口をいう奴があるものか、そんなのは浅虫あたりへ行けばよい。

眺めはよく、宿の縁先からまともに、そそり立った岩木山を仰ぐことが出来た。湯も豊富であつかった。湯治客が搔木と称する柄杓様なもので、のべつ頭へ湯をかけているのも珍しい光景であった。浴場が一つの社交場であって、彼等は、他国ものの旅行者には殆んど外国語に等しい言葉で、互いに話しあっているのも、いかにも遠い山の湯へ来た感じであった。

○

下北半島の果とも言いたいところに、恐山がある。昔から仏教信徒の霊場として崇められてきた。その山中に宇曾利湖（うそり）という火口湖があり、そのほとりに菩提寺があって、附近一帯には何々地獄と名のついた噴煙が上っている。その菩提寺が宿屋の代りをしていた。お寺であるから精進料理である。私は大ていのものは文句を言わずに食うが、ここの食事のあまりに不味（まず）かったことだけは、今も記憶に残っている。寺の近くには粗末な小屋作りの浴場がいくつもあって、そのどれに浸ろうと自由になっている。

恐山という名は、おそらく附近一帯が噴煙を吐いていてそのさまが地獄のように恐ろしいというところから来たものであろう。麴屋地獄、塩屋地獄、八幡地獄、金掘地獄、修羅王地獄、そんな名が附けられており、また地獄があるからには、極楽浜と称する所もあった。それは石英の細砂が白く堆積しているきれいな湖畔であった。

○

八幡平の蒸の湯は天下の奇湯として、もう新聞や雑誌に紹介ずみのように思われる。たしかに変っている。これは浸る湯ではなく、身体を蒸（ふ）かす湯である。蒸の湯という名はそこから出ている。これほど原始的な湯もあるまい。

その構造は、飯場小屋のような浴舎が大小十ほど並んでいて、その小屋の中央を貫く通路の両脇に、頭を向き合せて寝るようになっている。土間の上にムシロを敷いて、浴衣(ゆかた)一枚で横たわる。上へ毛布でもかけて、下から湧いてくる地熱の空噴(からぶき)に蒸(む)されるのである。変っているのは、それが浴舎であるのみでなく、自分の寝ている場所が、同時に居間であり、寝室であることだ。私の行ったのは十余年前だが、「御室料一日御一人十五銭」と書いてあった。御室料とは、その身を横たえるだけの座席料のことだが、その時代でも十五銭とは煙草一つの代価であった。もちろん全部自炊で、この費用のかからぬ湯治に、夏は浴舎は満員になるそうであった。

　元はこの蒸し湯だけであったが、やや贅沢な客が出かけるようになってから、入浴用の浴場も出来た。私は厳寒にスキーで行ったので、もっぱら入浴用の方で身体をあたためたが、物は試しと蒸し湯の方へも行ってみた。ドテラを二枚着てムシロの上に横になり、上に毛布を幾重にも重ねた。枕元には心細いローソクがついているきりである。隙間から粉雪が顔の上に落ちてくる。地熱は中々伝わって来ない。それでも寒さをこらえているうちに、どうやら脊中の方が少しあたたかくなってきた。しかしそんな熱ではとても我慢が出来ず、到頭降参して、熱いストーヴのそばへ逃げて帰った。

○

ひなびた山の湯の多いのは東北地方である。私は大てい登山やスキーでそれらの湯のお世話になる。朝日連峰縦走に出かけて、その発端の宿、朝日鉱泉で泊ったのも、もう三十年前の話である。真夏の暑い道を、重い荷をかついで、四里も歩いて、やっと谷間のその一軒宿に着いた時はうれしかった。私たちは雨に降られて、二日滞在した。所在なしに、あくびが出ると湯に入りに行った。胃腸病に特効があるとのことだった。なるほど効き目のありそうな茶褐色の湯だった。

私は四、五年つづけて、正月休みには蔵王へスキーに行った。樹氷で有名になりだした頃の蔵王である。その山形県側には高湯があるが、ここは開けてしまって、山の湯と称するわけにはいかない。むしろ宮城県側の峨々が素朴さを持っている。手狭になって次々と建て増して行ったような、ガラの大きな宿が一軒あった。

近年国立公園になった吾妻山群には、あちこちの山の中にささやかな温泉がある。五色や沼尻は交通の便がいいため逸早（いちはや）く開けてしまったが、奥深くへ入ると信夫（しのぶ）高湯、幕ノ湯、野地、土湯、横向など、いずれもひなびた山の湯である。私はこの界隈へは冬スキーでしか行ったことがないので、雪景色しか思い浮んで来ないが、春、秋など、これらの山の湯を次々と辿って歩くのは、さぞ面白い旅だろうと想像している。

東北線の白河から、バス代用のオンボロのフォードに乗せられて、甲子(かっし)温泉へ行った思い出も忘れられない。分り易(やす)く言えば、ここは那須の裏手にあたる。阿武隈(あぶくま)川の源流である。温泉から一里ほど手前までしか自動車は行かず、あとは徒歩だったが、丁度紅葉の盛りで、その見事なことは申し分がなかった。

御多聞に洩れずここも夏は自炊客で賑わうところで、都のお客さんの贅沢に適うような宿ではない。「杉の一番」という二方廊下の上等の部屋に通されたが、お世辞にもお座敷とは申しがたい。自家発電をしていたが、暗くて本も読めないような燭光であった。

しかしここの浴舎は推賞に価する。橋を渡った対岸の川べりに、七間に三間もあろうか、プールのような大きな浴場になみなみと湯が溢れていた。老若男女の混浴である。湯に浸りながら、窓の外の今を盛りの紅葉を鑑賞することが出来た。

○

上越の山岳地帯もまた素朴な山の湯の巣である。人々は水上や湯沢などで満足して帰らずに、もう少し山の中へ足を踏み入れられることをお勧めしたい。谷川宝川、川古等の諸温泉がある。しかし更に人里離れた素朴な湯を求める人には、私は自分の思い出の中から、次の二つを取上げよう。

一つは湯ノ小屋。これは利根川を溯って、その支流楢俣川に沿う一軒宿である。上ノ原という高原を横切って行く時、私たちはそこでうんと栗を拾った。宿について囲炉裏を囲んでその栗を焼いて食べながら、無駄話に耽った。無駄話にもきりがなかったが、栗にもきりがなく、とうとう翌日から下痢になった。湯は宿から離れて川原の脇にあったが、ただ申しわけみたいに天井があるだけの簡単な建物であった。学生時代のことだから随分昔の話だ。今はもう少しは開けていることであろう。

もう一つは苗場山の麓の赤湯である。これは五月に行った。三国峠を越えて越後に出、それから清津川に沿って溯って行くと、赤湯に達する。私たちがその宿に着くと、宿はまだ無人であった。つまり営業主は前年の秋下山したまま、その年の春になってもまだ上って来ないのである。戸をあけると、一冬を過した内側からカビ臭い匂いが流れて来た。

母屋から粗末な廊下を川の方へ下りて行くと、露天の湯があった。浴場は、周りを大きな石で囲んだだけの、原始的なものであった。一坪くらいの大きさで、その名の通り赤土色をしている。始めは何だか、薄気味悪かったが、あとになって慣れてしまえば、中々結構な湯であった。

三国峠の下の法師温泉は、東京の人たちから山の湯の代表のように珍重がられた時期があった。「まだランプだよ」とびっくりしたように言われたものだが、なに、山の湯は大かたランプである。

法師温泉はそんな風にもてはやされない前がよかった。私が初めて行ったのは、上越線が後閑（ごかん）までしか通じていない時で、そこから約一日がかりで歩いて行った。法師といっても殆んど知った人のない頃であった。今のように安直に自動車が通い、会社の団体が行って酒盛をするようになっては、もはや山の湯とも言えないだろう。

○

さて、一番山の湯の多い信州のことを書く段になって、もはや紙数が乏しくなった。しかし信州のことは今までに割合多く書かれてきているから、私は北アルプスの代表的な山の湯として、湯俣と祖母（ばば）谷をあげるにとどめよう。

大町から三、四十分自動車で山に向うと葛（くず）温泉がある。人はここまで来てもうかなり山の中へ入ったような気がするだろうが、湯俣は更にそこから四、五里川上にある。

途中まで材木運搬の軌道がついているが、うまくそれに便乗出来ない時は、歩いて行かねばならぬ。

私と友人の二人は、逆に山の上からその湯に降りてきた。槍ヶ岳から千丈沢を下ってきたのである。水俣川と湯俣川の出合（それが合して高瀬川となる）に近くその温泉がある。水俣川は澄んでいるが、湯俣川の白く濁っているのは湯が流れているからである。

九月下旬だったが、湯俣の宿はガランとして無人であった。もうこんな所までやってくる人は滅多になく、宿主は荷を片づけて里へ降りてしまったのである。屋内にも浴槽はあったが、私たちは川へりの一画を、大きな石を積みあげて仕切っただけの、野天風呂の方を選んだ。きれいに晴れた秋空だった。高さ一五三二米あるここは、日本でも最も高位置の温泉の一つであろう。すぐ眼の前には北アルプス尾根がつづき、その麓は見事な紅葉をしていた。数日の山旅の汗を流して私はボンヤリと湯に浸りながら、その紅葉を眺め、山を眺め、かたわらの流れを眺めていた。無上の幸福感であった。こういう幸福感は人生のあいだに、そう度々あるものではない。

祖母谷の湯は、黒部川の支流を一里ほど溯った所にある。後立山連峰に源を発した祖父谷（じじ）と祖母谷とが、飛沫をあげて合流する。その合流点のちょっと下手にこの原始的な湯がある。宿屋というものがなく、もと営林署の山小屋だったという建物が、宿泊所の役を果していた。勿論、お客はコミの雑居であって、夏の登山最盛期には、自分の寝る場所を見つけることさえ困難なほどの、超満員になることがある。

ここから白馬岳へ登る道が通じているが、それは道のりが長くて険しいので、むしろ下山路に多く採用されるようである。その他に、黒部探勝の客が大勢ここまで入りこんでくる。

湯は屋根がけがしてあるだけの、殆んど野風呂に等しいのが、川原にある。すこぶる熱い。板張りで湯が二つに仕切られているのは、男女の別のつもりであろうか。しかし側はあけっぴろげだから、こんな仕切は全く女性の羞恥を防ぐ役目は果していないと言ってよい。

○

最後に簡単に、私の郷土の山、白山にある山の湯を二つ附け加えておこう。

白山の加賀側に岩間がある。この湯も宿屋と称すべきものはなく、雨露をしのぐ程度の野風呂が一つあるきりである。ここから白山に登る道は少し距離が長いが、深い森林の中を行くおもむきは、この頃の人ずれのした日本アルプスなどには見られない原始の姿を保っている。温泉の近くには、日本一といわれる噴泉塔がある。

白山から飛騨側に下りた所に、大白川の湯がある。山小屋程度の宿舎、屋根覆いだけの浴場等、前記の諸温泉の如くである。ここから白川街道の方へ降りて行く途中に、見事な白水滝(はくすい)があり、白川街道へ出ると、最近はバスが通っている。大家族で有名になった白川部落もそこから遠くはない。そこは庄川の上流であって、五箇山(ごかやま)谷と呼ばれている。

雪解

　私は北陸の育ちのせいか、冬から春にかけての季節が一番好きである。冬は晴天続きの表日本と違って、北陸は雪や霙（みぞれ）の長い忍従の時期の後に、ようやく春がやってくる。その喜びはそこに住んだ人でなくては実感にならないかもしれない。

　春の最初の訪れは小川に示される。ずっと雪の下であった大地が、数ヵ月ぶりで日の目を見る、その先駆者が小川である。一面真白な雪の間に、そこだけ黒々とした土を現わし、水はうれしげな音を立てて素ばしっこく流れている。待ちきれないように、雪の消えかけたあちこちに、いち早く蕗（ふき）の薹（とう）が固い蕾（つぼみ）をもたげている。

　春の進みかたは速い。その頃私はよくスキーを持って山へ行くが、僅か二、三日でも、戻り道では見違えるほど土の領分が増し、小川は溢れ、その末は雪解川（ゆきげ）となって滔々（とうとう）と流れている。木の芽はにわかにふくらみ、頬を撫でる風もきびしさを失ない、自然全体が春の行進にピチピチ躍動しているような感じである。

数年前、私は友人と二人で、春に逆行して雪の山へ出かけた。朝七時上野発の急行「鳥海」にも、午後一時米沢（よねざわ）で降りてそこから白布（しらぶ）高湯までのバスにも、あの長い板切れを持っているのは、私たちのほかにはなかった。私にとって一番楽しいスキーはこの春さきである。もう人々がスキーを振向かなくなったこの頃ほど、雪山を満喫できる時はない。

東北には高湯と呼ぶ山の湯が三つある。一つは最上（もがみ）高湯。今は蔵王温泉と名を変えてスキーのパラダイスとなり、戦前の素樸なおもかげは消失した。もう一つは信夫高湯。ここも吾妻スカイラインと称する観光道路が通じて以来俗化してしまった。残る一つが白布高湯で、大きな茅葺きの古風な宿屋が三軒並び、西屋、中屋、東屋と呼ばれていた。

私はこの鄙びた山の湯を愛していたが、その後、裏磐梯の檜原（ひばら）湖から山を越えてこの湯まで観光道路が通じ、道路のあとに続くものは俗化で、今はリフトやケーブルがつき、売店食堂の類が立並び、シーズン中は大へんな賑わいだと聞く。

そういうものの出来る前に行った私たちは仕合わせだった。殊に相棒の不二さんは、スキー場などと名のつく所へは絶対近寄らない主義である。大正時代にスキーを始めた人は、シールをつけて山へ登らなければ、それはスキーではなかった。

二人は家のまわりにまだドッサリ雪の残っている東屋の客となり、岩風呂に浸り、晩酌一本の酒に陶然となって、翌朝の快晴を迎えた。私たちの目的は吾妻連峰の最高峰西吾妻山に登ることにあった。宿屋の裏手を少し上るとゲレンデがあり、そこから急な坂がジグザグについていた。シールを利かせながら登って行くと、無人の硫黄鉱山へ出た。廃墟のような小屋の脇にゴボゴボ噴き出している水を飲んで暫らく休んだ。

全くもったいないような麗(うらら)かな天気である。一片の雲もなく、日の光は大気に充満し、見渡す限りの山また山の雪の景色も、もう冬の厳格さはなく、ソフト・フォーカスのおもむきである。誰もいない。山は二人のためにあるかのようだった。遠く北の方に茜色に見えるのは朝日岳だろう。飯豊の山々はすぐ眼の前に拡がっていた。

鉱山跡から広い原を登って行くと、やがて森林帯に入った。樹木が混んでいて、時々スキーの操作が厄介な上に、傾斜が次第に急になってくる。行手正面に大きく立っているのは、人形石の三角点のある峰らしい。それがひどく遠く思われたのは、そろそろアゴを出してきた証拠である。息を入れるためにたびたび休むうちに、先に立った相棒の姿が見えなくなった。独りになると横着になって、ますます休みの数がふえる。

やっとのことで一九六四メートルの三角点のある稜線に出ると、そこに友人が待っていた。行手を見ると、まるで雪の砂漠のような広大な原が拡がり、その遠い果てに目的の西吾妻山があった。あそこまで行かねばならぬかと思うとガッカリしたが、勇を鼓してそちらへ向った。

原の横断は長かった。二時間の後ようやく頂上に立った。頂上はだだっ広く、どこが最高点か見きわめがたい。丈の低いオオシラビソが雪面に点々と頭を出しているさまは、友人のうまい形容によれば、大海の波の合間にイルカの群（むれ）が跳ね廻っているようであった。

もう三時になっていた。随分かかったものだ。私たちはスキーを脱ぎ、友人は新しいパイプの火入れ式を行なって、この春の雪山を祝福した。

宿に帰り着いた時はもう暗くなっていた。私たちは再びあたたかい春の中にあった。

ヘソまがり大人とともに

新宿のプラットホームで、

「おや見慣れないものを着ていますな。琉球製ですか」

「冗談じゃない。廃物利用さ」

棄てられていた作業服も、ヘソまがり大人（たいじん）（本誌〔「週刊読売」〕「ヘソまがり太平記」の主人公、藤島敏男氏）の手にかかって工夫改善されると、歴（れっき）とした登山服に変わる。この人の被る物でも持ち物でも、登山用具店で売ってるような月並みな物は一つもない。全部独創的である。

十一時四十五分発の二等鈍行（決して一等や急行には乗らない）。若い登山者で満員の車内。「割りこむスキのないように、キチンとお並び下さい」と書かれたビラを見上げながら、「文明国のポスターとは言えないね」と、さっそく毒舌が始まる。現代日本の社会に、割りこむスキをねらってる奴がいかに多いか。続々と辛辣な例があがる。

　早朝、乗りかえたバスの終点に着くと、あの大勢の登山者はどこへ消えたか、私たち三人だけである。大人のいわゆる避衆登山、誰も行かないような山を探して、静寂を楽しむのがわれわれの常例である。

　山へかかると、ヘソまがり大人も素直になる。山にはヘソをまげる材料がないからだ。親切で、思いやりがあって、こんなに結構な山登りの相手を私はほかに知らない。読売文学賞を貰った私の「日本百名山」中には大人と一緒に登った山がたくさんあるが、いずれも楽しい思い出ばかりである。

　ただ憎いのは足の早いこと、殊に上り坂になると、七十とは思えない元気で、トットと登って行く。こちらが息を切らしているのに、パイプなぞくわえて。

　日曜を入れて三日の山旅に、一人の登山者にも出会わなかった。山はまだ半分は雪だった。三つの頂上と三つの峠。朝から夕方まで歩きずくめだった。どんな長い道も、大人と一緒だと退屈を知らない。機智とユーモアの宝庫のような人だ。

　少し私が山に遠ざかっていると、旅先の山の宿から「貴公、どうした？　しっかりして貰いたい」などとハガキが来る。エスプリが鈍ると私は大人に会いに行く。ヘソまがり精神を砥石（といし）にして、私のエスプリを磨くためである。

楽しかった日高

ここ三年続けて夏の北海道の山へ行った。戦前も三回行ったが、冬ばかり。したがって大した登山もできなかった。そこで三年がかりで北海道のおもな山に登ろうと決めたのであった。

最初は一昨々年（一九五九年）、妻と小学六年の二男をつれて、津軽海峡を渡った。十八日間通用の周遊券を最も有効に使おうというので、函館から釧路まで、満員の汽車で一気に走った。

釧路山岳会の人に案内されて、まず斜里岳へ登った。下から見上げた時は、長く裾を引いた美しい山容にうたれたが、頂上に立った時は残念ながら霧でなんにも見えなかった。

それから私たち親子だけになって阿寒へ行き、雄阿寒岳に登った。湖畔には観光客が群れていたが、山頂には誰もいなかった。ついで羅臼まで足を伸ばし、そこで四日間雨に引き留められた。それでも初一念を通して羅臼岳へ登った。やはり頂上は霧の中だった。残り少なくなった周遊券の最後の期間を利用して、帰途、後方羊蹄山(しりべし)の頂上を踏んだ。

以上、晴れた頂上は一つもなかったので、その翌年、つまり一昨年は九月を選んだ。やはり周遊券で、同行は風見武秀、袋一平の二君。まず礼文(れぶん)島へ渡って礼文岳へ登り、続いて利尻岳の頂上をきわめた。

それから十勝へ登り、大雪山へ登った。大雪の旭岳の頂上に立った時は、一点雲のない快晴で、この北海道の最高峰から、大げさに言えば道内のすべての山々を見晴すことができた。まあ、なんと多くの未知の山々が私を誘惑することか。全部登るには、十年あっても足るまい。帰途欲ばってもう一つチセヌプリの小登山で、周遊券が切れた。これらの登山には地元の山岳会の人々にたいへんお世話になった。

昨年の夏は、多年あこがれの日高へ志した。日高の山は簡単にはいれないので、北大山岳部の応援を頼んだ。約一週間雨続きで、頂上を踏んだのは主峰の幌尻(ぽろしり)岳と戸蔦(とった)別(べつ)岳の二つにすぎなかったが、しかしこの山旅は楽しかった。ほんとうの北海道の山らしい山登りを味わうことができた。帯広に出たときカラリと晴れた。私はすぐ第二の目的のトムラウシへ向かった。

トムラウシは道内第二の高峰で、かねて十勝や大雪からながめて、そのガッシリした山容はひどく私を惹きつけていた。十勝川の上流からその宿願の山へ登った。またしても頂上は霧の中だったが、望みを果たした私の喜びは満点であった。この時同行してくれた北大山岳部現役の一人は、ことし北大のヒマラヤ隊に加わって、チャムランへ行った。

以上がこの三年間の私の北海道の山の功科表である。三年ともいわゆる観光地をよそにして、山ばかり歩いた。昨年などは札幌へ着くとすぐ山へはいり、期日いっぱいに山から札幌へ出てくるとすぐ東京へ帰った。その方がどれほど充実した、悔いのない旅行であったことか。

ことしの夏はほかに予定があるので、北海道の山はお休みである。来年からまた続行するつもりでいる。

北海道のおもな山はひと通り登ったが、まだまだ残ってる。その第一は、中央高地のウペペサンケ、ニペソツ、石狩、音更(おとふけ)の諸山である。大雪からこれらの山をながめたとき、どんなにはげしい誘惑が私をとらえたことか。

それから芦別・夕張の連山もほうっておくことはできない。増毛(ましけ)の山々も昔からの念願であり、日高山脈の南半も取っておきである。道南の狩場山、遊楽部(ゆうらっぷ)岳などもしきりに私を手招きする。その他地図をひろげると、あれもこれもと浮かんでゆく。

私の山友M君は札幌在勤の有利な地位を利用して、さかんに方々の山へ出かけ、そのたびに山便りをよこして、私を羨ましがらせ、いや、くやしがらせている。北海道へ住む手はないものか。

四十年ぶりの甲武信岳

秋の彼岸の休みに甲武信岳（こぶし）へ登ってきた。私にとっては四十年ぶりの甲武信岳であった。

初めて登ったのはまだ昭和の時代になる前で、私は旧制高校の生徒であった。その頃は谷川岳も丹沢山も一般には知られておらず、私の行く先はもっぱら奥秩父であった。

早朝塩山（えんざん）で下車して、もちろんバスなどなかったから、山へ向かってテクテク歩いた。笛吹川に沿って、次第に爪先上りになる道を、私は何度歩いたことだろう。

笛吹川の上流は子酉川（ねとり）となり、更に東沢と西沢に分かれる。その東沢の源流を詰めて甲武信岳へ登った。秩父の渓谷の美しさを知ったのは、この東沢であった。私は春と秋の二回、同じコースで甲武信岳の上に立った。

ワラジとキャハンの時代であった。秩父の山稜上には一つの山小屋もなかった。甲武信岳の頂上を少し下った所に、山仕事の粗末な笹小屋があって、私たちはそこでたき火をしながら寒い夜を過ごした。

それ以来の甲武信岳であった。四十年の月日は大きな変化を示していた。朝新宿をたって塩山で下り、そこからバスとトラックは、昼ころまでにもう私たちを子酉川の奥まで運んでくれた。

昔は西沢は非常に嶮しい谷で容易には入れなかった。それが今では谷の脇に桟道がつき、上流には西沢温泉と呼ぶ建て物まで出来ていた。私たち三人はいずれも五十歳を過ぎたロートルで、昔の秩父しか知らなかったから、すべてについて今昔の感にたえなかった。

西沢温泉（実は鉱泉で、ボーリング中であった）で一泊した三人は、翌日京ノ沢から国師岳へ登った。この山も私は学生時代に頂上へ立ったことがあるが、情けないくらい記憶がなくなっていた。

そしてその翌日、国師岳から甲武信岳まで、上り下りの多い長い道を歩いた。秩父特有の深い森林は私たちを懐旧の情に耽らせたが、道はおどろくほど立派になって、幾組みかの青年子女の登山者に出あった。

甲武信岳で昔を思い返そうとしたが、何一つ手掛かりになるものはなかった。テレビの番組み「私の秘密」の最後に御対面というのがある。私は四十年ぶりで甲武信岳に対面したのだが、記憶は茫として、相手を認めることが出来なかった。

名もなき山

正月休みは山登りで過すのが数年来の習慣になっている。大晦日の朝出かけて、三日か四日に帰ってくる。そういう仲間がいる。みなもういい年である。

スキー場はどこも満員だし、名の通った山は物々しいいでたちの若者たち（その何パーセントかは必ず遭難する）でうるさいので、私たち老童は人のいない山へ行く。そんな山を探して行く。殆んど誰にも会わない。

日本には山がたくさんある。草花でも人はタンポポやスミレは知っていようが、そのほか名もなき花がたくさんあるように、名もなき山がたくさんある。もちろん名前はあるのだが、知られていない。

例えば熊伏山（くまぶし）。こんな名前を言っても、山の連中でさえ知らない。遠州の奥から、青崩峠（あおくずれ）という滅びかけた峠を越えて伊那の谷へ下る、その峠から登り道が通じていた。大晦日の晩、谷の一番ツメにある村の一軒に泊めてもらった。辺鄙（へんぴ）なところだから米も酒も充分ないだろうと用意して行ったが、どうしまして、充分にあった。電気用品など私の家よりもよく揃っていた。あくる元旦、私たちは一等三角点のある見晴しのいい熊伏山の頂上に立った。宿を出てから、山の反対側の宿へおりるまで、ひとりの人にも出あわなかった。

また例えば京丸山、これは天竜川の支流の気田川、そのまた支流の石切川、そこから登った山腹に京丸という部落があった。数軒あったのがみな里へ出てしまって、いまはたった一軒、祖先代々の墓を守っていた。由緒のある血筋のあととかで、主人は品のいい顔をしていた。電気は来ず、簡単な発電機が備えてあったが、運びあげる燃料を大事がって、テレビだけ番組を選んでその電気で聞いていた。

京丸山にはハッキリした道がなかったが、藪をわけて何とか頂上に着いた。反対側の谷へ下って、途中で日が暮れ、道を見失い、やっと人家のあるところへ出たのは夜おそかった。やはり一日人に会わなかった。

宿と言えば、一日山を歩いて谷の底の村へ出た。宿屋がないから頼んで民家に泊った。太い格子の戸の入ったガッシリした家だった。大晦日の晩である。大和魂という一升ビン五百円の酒を四人で飲んで年を越した。この村が昨年〔一九六六年〕の台風で山津波に流された根場である。

あくる日、本栖湖の脇に立つ雨ヶ岳というのへ登ろうとしたが、道がわからず、やっとそれを探しあてて山にかかったが、頂上を目の前にして時間が切れた。一七七二米の山でも私たちを追い返すことがある。

以上はみな私たちの正月用の山であった。今年は大晦日に中央線の茅野で下りて、まず守屋山に登り、伊那の方へ下った。私たちは常に町の宿屋は忌避する。その晩は、地図にも案内記にも出ていない山室鉱泉というのを探しあてた。谷間にひっそりと一軒、静かな親切な宿だった。

元日は戸倉山へ登るつもりであったが天気が悪かった。三峰川の川上の市野瀬まで行った。戸倉山に道があるかどうか村の人さえ知らない。そんな山に用はないのである。村の宿屋は何もてなしが出来ないと言い、大きな擂鉢になみなみおろした自然薯と、村の豆腐屋から買占めてきた油揚が、夕食のおかずであった。

翌日舟峠という尾根へ登ったが、そこから目的の分杭峠へ出る道がわからない。藪の中をごそごそ探しているうちに雪が降ってきたので、村へ引返した。あとで聞くと、そんな道はなかった。

私たちの山登りは訓練ではない。楽しくなくてはならない。夜の酒は欠かさない。飲み手が揃っている。私のような年頃になってまだノコノコ山へ行こうという仲間だから、少し世の中からズレている。山奥の民家へ泊ると、貧乏のようでもあり金持のようでもあり、一たいこのお客はどんな人たちだろうと不思議がられるのも無理はない。

人の行く山へは行かない。槍ヶ岳、谷川岳、そんなお祭りのような山へは行かない。道標もなく、山小屋もない、誰も顧みないような山を選ぶ。正月休みだけではない。夏を除いて、一と月に一ぺんは必ず出かける。飛脚のような日帰りはしない。少なくとも二晩三晩は泊り歩く。何をおいてもそういう暇を作りだす。急がない。汽車は大ていた空いた鈍行に乗る。

山が汚されているとか、登山者の道義がすたれているとか、よく言われるが、私は紙屑やカン詰が散乱しているような山へは行かず、羽目板が燃やされているような山小屋へは寄らない。名もなき山にはそんな弊害はない。自然はいつも美しい。

名のある山へこう大勢が押し寄せては、いくら自然保護を説いても防ぎきれまい。それに登山者の便宜という名を借りて、為政者や観光業者までが自然を壊している。そんなむごたらしい山が厭だったら、ほかの山へ行けばいい。自然のままの静かな山がいくらでもある。

有名というのは現代病の一つで、有名でありさえすれば価値があるように思う。つまらぬ名所に人が群がって、それより遥かに美しい無名の風景には眼もくれない。一たい行列して登るような山に、どこに楽しさがあるのか。どうやらこの頃の人は自然に対して鈍感になってきたらしい。

たしかに鈍感になっている。人間の原始的なものをだんだん無くして行くのは文明かもしれないが、その代り自然の美を感じる機能も衰えて行くのかもしれない。何々山岳会のヴェテランと評されるような年少気鋭者は、山登りの技術ばかりに熱を入れて、山の美しさを感じようとしない。山があっての岩登りであるのに、岩登りのための山と思っている。それなら都会のまん中に大きな岩壁を作って、それで満足出来るだろうか。

山登りは技術ではない。もしそれがあるにしても、ほかのスポーツの洗練を重ねた技術に比べれば、まことにあいまいなものである。一九二四年のエヴェレストでは、殆んど登山の訓練を受けなかった人が八千米まで登っている。

私たち山の老兵は今まで数多く登った経験の強味で、山の選択は心得ている。高さや険しさはなくとも、人に汚されない静かな山を見つけては分け入り、心の底まで自然を吸いこんで帰ってくる。

名もなき山の楽しさよ。

Ⅳ　ふるさと今昔

わが故郷の山

私の四十年に近い登山史を書くとしたら、その第一ページを飾る山は、わがふるさとの富士写ヶ岳だろう。それは大聖寺から見ると、二つの峰頭を並べて整然としたピラミッドをなしている。その名のとおり富士山を写したような形である。大聖寺から離れると、もうこの美しい形は崩れてしまう。全く大聖寺のためにあるような山である。

私はこの富士写ヶ岳を見ながら育った。白山が雲に隠れている日でも、この近い山はいつも町の上に君臨していた。いまでも帰省の時、汽車がふるさとの町に近づいて、富士写ヶ岳の三角形が見えてくると、ああ帰って来た、という感じに打たれる。

小学校最上級生の時、私はこの山に登った。大聖寺を早朝にたって山中(やまなか)温泉まで歩き、さらに山麓の枯淵(かれぶち)村まで歩いて、そこから登った。富士写ヶ岳は千メートルに少し欠けるぐらいの高さだから、高山というわけでないが、真夏の八月、水のない尾根を登って行くのは辛かった。それでも無事に頂上に着いて、帰りは反対側の大内村へ下った。山中まで戻って来た時はもう夕方になっていたが、私たち友人数名は電車にも乗らず、また大聖寺へ歩いて帰った。バスを見ればもう歩こうとはしないこのごろの登山者に比べて、当時の私たち少年はまだ質実剛健の明治の気風を宿していたのであろう。

これが私の登山の第一歩だった。それからこの道楽がずっと続いて、とうとうヒマラヤへまで足を伸ばすことになった。

誰も生れつき山が好きな者はいない。山が好きになるのは後天的である。私の富士写ヶ岳登山は私に自信をつけた。足が強いね、などとおだてられた。なにごとでもその道に入る最初に、おだてられるということはたいへん大事なことだと思う。最初にペシャンコの目にあう者こそ災いなるかな。

おだてられた私は中学生になって、そのころ一枚七銭五厘だった参謀本部の五万分の一の地図を買い、郷里の近くを歩き回った。江沼郡と坂井郡の山々を地図で見当をつけてつぎつぎと登っていった。今日のような登山ブームは夢にも考えられず、リュックサックや登山ぐつもまだ見たことがなかった。通学用のカバンを肩からさげ、ワラジにゲートルが当時の私の登山服装であった。

もし現在のような登山の盛んな時代にめぐりあわせ、登山についての十分な理解と費用とが与えられるような家庭に育ったら、少年時代の私の登山経歴はもっと豊富になっただろう。日本アルプスという名を聞いて私の心はおどったが、当時の田舎の中学生には、それは現在の学生がヒマラヤを思うように、遠い夢であった。私の登山範囲は故郷周辺の山々の外へは出なかった。

　山が好きになったのは、おだてられたことと、もう一つはよい先輩を得たことであった。その先輩とは、大聖寺の医者の旧家で、現在もその業を営んでおられる稲坂謙三氏である。幼なじみの呼びかたをすれば、その謙チャンは、私が中学生の時、金沢医専の学生で、医専の山岳部を牛耳（ぎゅうじ）っていた。私はどれほど謙チャンから山の話を聞かされたことだろう。この先輩はもう北アルプスへしばしば登っていた。

　今から三十数年も前すでに稲坂ドクターは白山山脈に目をつけて、立山の名ガイドであった平蔵を連れて、白山から笈大笠への縦走を果している。そんな登山の先覚者であった。私がこのよき先輩と最後に山を歩いたのは、湯涌（ゆわく）の奥からブナオ峠を越え、白川郷に出、そこから油坂峠を経て越前の大野へ出た白山一周の徒歩旅行であったが、その時すでにドクターは身体肥満の兆候を示し、歩くのが大儀そうで、サッササと歩く私に対して時々仏頂面を見せた。

それを最後に、ドクターはその輝かしい山歴にピリオドを打った。以後、後輩の方が活躍して、先輩の山歴をはるかに凌駕(りょうが)してしまった。あわれなるかなや、このよき先輩はその後ますます肥満し、今や山の上までケーブルでもつかない以上は、往年の盛んな登頂欲をみたすことはできなくなった。

私が故郷周辺の低山から、初めて雪線以上の山の頂に立ったのは、中学四年（大正七年）の白山登山であった。まだ白山行の電車さえないころで、越前の勝山から谷峠を越えて牛首に出、白山に登って帰路は尾根道（この道は今はない）を下った。尾添(おぞう)から小松までの長い夜道を歩いた。

中学を出て東京の学校へ入って、私は初めて北アルプスに見参した。私の登山範囲は広がり、秩父を始め関東周辺の山々、東北の山々にまで足を伸ばすことになった。そしてついに多年宿願のヒマラヤにまで及んだが、四十年の山歴は、よしや私の足腰が立たなくなっても、その楽しい思い出で、私を慰めてくれるのに十分の量を持っている。

白山のみえる街

終戦の翌年の夏大陸から復員すると、私は越後の湯沢へ行ってそこで一年余り暮した。まだ世間は物情騒然として食糧不足に悩んでおり、おまけに私の一身上に大変化のあった時なので、この一年数ヶ月の山峡の温泉の生活は、私には思い出が深い。湯沢は人の知る通り雪の深いことをもって有名であり、そこから見える上越の山々は一年の大半白銀を被っていた。地の利を得た私はその一冬スキーばかりしていた。数え年五つになる子を連れて、晴れさえすれば雪の上に出た。ゲレンデで滑っている群を見渡すと、私たち親子が最年長者であり最年少者であった。私はよく足を停めては雪に輝やく山を眺めた。それは何か私の心に安堵を与える眺めだった。

それから私はいろいろの都合で、生れ故郷の北陸の町に住み移った。人口一万あまりの発展性のない古い城下町で、私はそこで生れ、そこで育った。そこに私の祖先の墓があり、私の生家があり、私の老いた母が生きていた。東京の学校へ出て以来、私は永らくこの故郷を離れていた。時折帰省することはあったけれど、一年を通じてこの田舎町に住むことは、二十数年ぶりであった。

何の取柄（とりえ）もない町であるが、ただ一つ、そこから白山が眺められた。それは私の子供の時から仰ぎ慣れた山だった。帰省するたび先ずその姿を仰いで「ああ故郷へ帰った」という感を深くする山であった。

わが国で平地から眺めて一番美しい山の一つに私は白山を数えている。富士山はその随一に違いないが、あまりに端正すぎて流露感に乏しい。東北の岩木山や鳥海山も秀麗ではあるが、どこか奥行に欠けているし、男体山や浅間山はあまり眼近すぎて陰（いん）翳（えい）感が薄い。北アルプスは立派だが、連嶺であるために独立した山の持つ悠然さがない。

そんな風に考えてくると、私はますます白山が眺めて美しい山に思えてくる。高さは二七〇〇米だから三千米級の山には及ばないけれど、それでも日本アルプスと八ヶ岳を除けば最高である。北陸多雪の地にあるので、その名の通り冬は全山真白に覆われる。十一月の始め、冬の先触れのようにその峰のあたりに僅かの雪を置く。それがだんだんと拡がって十二月の中旬頃にはもう一点の染（しみ）もなく真白になってしまう。そしてその状態が翌年の四月頃まで続く。シベリアから日本海を渡って吹いてきた風が、この白山という大障壁にぶつかって雪に化してしまうのである。

ヒマラヤの最高エヴェレストの土着民の呼称はチョモルングマといい、その意味は「雪の女神」、またアルプスの最高モン・ブランは「白い山」の意である。期せずしてわが国に白山があり、その祭神が比咩(ひめ)神であることも興味がある。比咩は姫であり、越中立山の雄勁(ゆうけい)な山勢の雄山神に対して、加賀白山の優美な山容を比咩神として崇めたという。まことに白山は女神にふさわしく、その姿は優しく美しい。しかもその中に凛然(りんぜん)として孤高を誇っているさまが、いよいよ白山を奥床しい山にする。北アルプスに行ったことのある諸君は、必ずや山波重畳の彼方遥かに、雲の上に浮んだ孤高の白山を認められたことであろう。

駿河の富士山、越中の立山、加賀の白山は、古来日本の三名山と称せられてきた。厳格に云えば白山の主峰は加賀と飛驒にまたがり、またその優美な稜線を辿って行けば、それは越中にも越前にも属する。それを敢えて加賀の白山とするのは、加賀の平野から望んだ時この山の美しさの本領が認められるからであろう。

その加賀の平野の中でも、私の故郷の町のあたりから仰いだ白山が一番すぐれているということを、私は云うに憚(はば)からない。主峰の御前と大汝とを最も均衡のとれた形に眺め得るのみでなく、白山そのものの高さと拡がりとを、その真価のまま認め得るのも、私の町の附近であった。この町における侘しい孤独な三年半の私の疎開生活に、白山がどれほど私を慰め、私を勇気づけてくれたことであろう。

私が書斎にしていた借家の二階の窓から木立を透して白山の頂がチラリと見えた。徹夜して原稿を書いた明け方、朝の最初の光線が窓ガラスに射してくると、私は立止って窓に寄る。そしてもしその朝がクッキリと白山が見えそうな天気であると、私はさっそく家を出て近くの町のはずれまで行き、そこから遮ぎるもののない早朝の静寂な白山を心ゆくまで、眺めるのが常であった。

太陽は日本海に沈むので、その余映を受けた夕方の白山の薔薇(ばら)色に染まった一と時は、何とも云えず美しいものであった。見る見るうちに薄鼠に暮れて行く、その暫くの間の微妙な色の移り変りは、この世の眺めとも思われなかった。そしてそういう美しさの殊に際立つのは、雪を被っている時の白山であった。

よく〆切の迫った原稿を書きあげて、夜おそくの汽車の客車便に間に合わすため、冬の夜道を駅まで急ぐことがあった。凍み渡る晴れた夜には、行手真正面に真白な白山が太古のさまに横たわっているのが眺められた。寒月のある晩などはまるで、それが水晶細工のように夜空に浮き上って、何か妖しいまでの美しさだった。

故郷の町へ移り住む時の私の何よりの期待は、この白山とそれからスキーの出来ることであった。土地の人々はまた嫌な季節が来たとこぼす中で、私は心ひそかにうんと雪の降ることを願っていた。ところが私のそこで過した三冬とも珍しい暖冬が続いて、私の期待が裏切られた。私はスキーの道具の準備をし、ふだん子供に物を買ってやることに頗る(すこぶる)ケチな私が、子供のスキーを新調しスキー靴まで誂え(あつらえ)てやったりして雪の降り積るのを待ったが、町の近くで滑れることは、一冬に二、三回しかないというみじめな雪飢饉(ききん)であった。

我慢がならず私は子供を連れ、雪を求めて白山の山麓へ向った。普通白山へ行く時の電車に乗ってその終点の村まで行った。やっとそこで私たちは雪にめぐりあった。五十歳に近い父親と、小学校へ入ったばかりの息子と二人は、誰も居らぬ村近くの小山へ登って、そこで降る雪の中を倦きることなく滑り廻った。

白山の山麓は全国でも有数な降雪地である。積雪期の登山が盛んになったに拘わらず、冬の白山に登る人があまりない最大の理由は、その登山口に辿り着くまでが厄介だからである。交通機関は全く杜絶(とぜつ)してしまう。そして雪の深い道を七八里も歩かねばならない。白峰(しらみね)というのがその一番奥の部落であるが、私たちは子供の時からその白峰の雪に閉じこめられた哀れ深い話を、伝説のように聞かされたものであった。

故郷の町からやがて私は金沢に移った。それから一年半になる。金沢で過した一冬も雪が少なかった。私は市の東郊の卯辰山の麓に住んでいるが、この卯辰山にあるスキー場で滑れたのは冬じゅうただの二回であった。金沢の市中からは、小高い所へ上らねば白山は見えない。私は秋の末から春の初めにかけてよく晴れた日に、卯辰山へ登って山を眺めるのが楽しみであった。

そこからは白山が見えるけど、ほんの頂上の部分が前山の上にのぞいているだけで、故郷の町から望むような秀麗な白山ではない。それよりも卯辰山の頂から眺められる立山連峰の方が私を喜ばせた。遠く白銀一色に輝く立山主峰と、その左に並んで、どんな真冬にもそのこごしい岩が雪を留めぬために決して真白に被われることのない剱岳が、澄んだ冬空の彼方にそそり立っている姿は、私の眼を熱くせずには、おかなかった。

やはり冬の最中に私は能登へ行ったことがある。その能登の海岸から富山湾を距てて、思いもかけぬ北アルプスの大観を望み得た時の感激は忘れられない。私は隣りに人のあることも忘れて、息をのむ思いでその素晴らしい景観に眺め入っていた。それは白馬岳の北のはずれから薬師岳に至るまでの蜿々たる山なみが、まるで掌を指すようにはっきりと見えた。冬の空気は透徹していて、山襞一つ私の眼から逃れなかった。鹿島槍や五竜岳までが能登の海岸に佇つ私の視野に入ろうとは思いもよらなかった。

雪嶺を数へ尽して悲しみぬ

これは加藤楸邨氏が私に書いて下さった軸である。まことに能登の海から遥かに北アルプスの連嶺の一つ一つに眼を留めて行った私には、喜びきわまって何か悲しみの情さえ湧いてくるのであった。

未知の山・白山

私の家の座敷の欄間に、来客の眼がおのずからそこへ行くような位置に、全紙大の雪の山の写真が懸かっている。

「どこの山ですか」

山の好きな客なら大ていい訊くが、一人として当てた者はいない。無理もない。そんな白山の風景を見た人はごく僅かしかいないからだ。

それは尾添から昔の登山道を登って、檜神宮跡という地点から、雪の白山を縦に見た写真である。この道は加賀から登る一番古いルートだったが、とっくに廃せられた。大正七年、中学生の私が初めて白山に登った時はこの道を下った。途中美女坂とか加賀室とか、謂われのありそうな地名が残っていたが、何しろ四十五年も前のことだ、道の長かったこと以外殆んどおぼえていない。

戦後私が金沢に住んでいた頃、日本山岳会石川支部で積雪期の白山登山を企て、そのコースに選んだのがこの旧道であった。私の座敷の写真はその時の撮影で、私が金沢から移転する際、石川支部の山仲間がセンベツに贈ってくれたものである。

この古典的な登山道は無くなったが、現在は尾添川を更に上った所に湧き出る岩間温泉から、新しい道が通じている。頂上まではかなり長いけれど、深い原始林の中を行く静かな道である。白山の自慢の一つは、原始林地帯の広大さである。近頃は日本のどこの深い山へ入っても、伐採が行なわれていて殺風景になりつつあるが、白山はまだ太古のおもかげを存している。

岩間温泉から小さな尾根を越えて隣りの沢へ出ると、近頃有名になった噴泉塔群がある。噴泉塔とは、石灰華、いわゆる湯の花が凝固したもので、大きいのは一メートル五十も高さのある塔となって、川ぶちに立っている。その尖端から湯を噴き、それが凝り固まって蠟涙（ろうるい）のように垂れ、微妙な艶（つや）のある緑青色を呈している。その色がいい古陶を見るようである。日本で一番大きい噴泉塔として特別天然記念物に指定されたのは、数年前のことである。それまでは僅かに土地の人に知られているだけであった。こんな山深い所へ物好きに入る人もなかったのだ。

白山にはまだ世に知られていない、こんな珍重なものがたくさんあることだろう。

いつか私は地理学の大家辻村太郎博士と尾添川に沿って歩いた。博士は川の右岸の段丘を見上げて、こんな巨大な段丘は他にないと断言された。私などの眼には、氷河の遺跡の段丘だと教えられても、よくは分らない。ただそこを覆うて鬱蒼と茂った樹木のみごとさに、見惚れるだけであった。

尾添川の川上には、もう一つ中宮温泉がある。これは古い湯治場で、本当にひなびた山の湯であったが、近頃はバスが通い、国民宿舎が建ったそうである。ここからも登山道が拓かれている。ただ尾根伝いが長くて、一日では頂上へ行けない。やはり千古不伐の森林帯である。

白山が国立公園に選定された一つの有力な理由は、この原始林が自然のまま残っていることで、特別保護地域の広大なことはわが国随一だそうであるが、全く森林の深いことには驚かされる。それは普通表口と呼ばれる市ノ瀬から登っただけでは了解出来ない。現在登山者の八十パーセントは、この表口から登って頂上を踏んで元の道を引返すようだが、それでは白山の良さを十パーセントも知らないものと言えよう。

この表口は最近かなり奥まで車が入るようになったそうだが、その機械力によってセーブされた時間とエネルギーを、もっと山上で有効に費すべきであろう。室堂で泊って翌朝頂上から御来光を拝んで下山、というのでは、その慾の無さに私はあきれる。白山は日本海の荒布のように、噛みしめればしめるほど味の出てくる山である。暇を惜しんではならない。北アルプスのように派手な岩壁や大雪渓は無いけれど、本当に山を味わう人にとって、これほど無限のものを蔵している山もあるまい。未知の沢、未踏の尾根、そんなものはふんだんにある。

白山の頂上は、御前峰、剣ヶ峰、大汝峰の三つから成っている。そしてその三峰の間に、お花畑が拡がり、美しい池が散在している。剣ヶ峰に登った人はあまりあるまい。大きな岩が乱雑に積み重なった峰で、さだかな道はない。しかしその狭いてっぺんから、御前、大汝を眺め、お花畑や池を見おろす風景は、天下の絶品である。

大部分の登山者はこの頂上だけで帰る。もう少しの距離で、北に北竜ヶ馬場、南に南竜ヶ馬場のフェアリー・ランドのあることを知らない。知っていてもそこまで足を伸ばそうとしない。頂上の近くに、こんな汚されないお伽(とぎ)の原が残っているのは他の高山では見られないことである。

まして、もっと足を伸ばせば、至るところに自然のままの仙境が見出される。白山の頂上部だけに局限せずに、国立公園として指定された四万七四〇二ヘクタール（と言ってもどのくらいか見当がつかないが、五万分の一の地図四枚にわたる）の地域に拡大すれば、登山的にみてもその興味は無限である。三方崩山(さんぽうくずれ)などという荒々しい山には、数年前初めて私の友人たちが登ったくらいである。

白山主脈の妙法山、フクベ山、笈ヶ岳、大笠山には、まだ縦走路もついていない。残雪期に少数のパーティが通っただけである。しかし白山の歴史は古い。明治三十八年陸地測量部の隊がその笈ヶ岳に登った時、その頂上付近から経筒二個その他仏像を発見した。経筒の一つには「大聖寺住僧善養坊同行十二人云々」とあり、もう一つには「武州太田庄光福寺住僧云々」とあり、最後に「永正十五」の文字が読まれた。（これらの経筒は東京帝室博物館に蔵められた。）

永正十五年と言えば今から約三百五十年前である。そんな昔に、すでに登った坊さんがあったのである。

その坊さんが「大聖寺住僧」という肩書を私は見逃せない。私の生れはその大聖寺町であって、明け暮れ白山山脈を仰ぎながら育ってきたからである。大聖寺は古くは白山五院の一つであった。その寺の所在地はどこかハッキリしないが、私の故郷の町名がその寺から由来したことは確かである。

白山の頂上から南へ伸びた主脈上には、別山、三ノ峰、二ノ峰、一ノ峰、銚子ヶ峰などあり、これは美濃から登る古典的道路であった。これは美濃の長滝寺が起点である。多くの坊さんがそこから尾根伝いに白山へ登ったので、禅定道と呼ばれた。

白山の開山は泰澄で、養老元年（七一七年）三十六歳の時頂上に登ったと伝えられている。泰澄は越前の坊さんであるから、越前側から道が拓かれたのは当然であろう。越前の禅定道は平泉寺から始まっていた。今でも古刹平泉寺へ行ってみると、石を並べた古い登山道が残っている。もちろん現在は使われていない。平泉寺の坊さんたちの登山ルートは、法恩寺山、経ヶ岳を経て、市ノ瀬に出、そこから旧道（私が初めて登った時にはこれが本道であった）を通って室堂へ達した。

この旧道には禅定道にふさわしい地名がたくさん残っていたが、二、三年前の大地震（一九六一年の北美濃地震）のためすっかり崩れて通れなくなったそうである。

このように白山は昔から、加賀、越前、美濃の三方面から道が拓かれ、多くの勇敢な円頭アルピニストが困難と戦いながら登ったのである。

それらの道の多くは廃道になったが、登山隆盛の今日、われわれが楽々と登れる道が通じ、施設も整っている。しかしその便利な道を離れると、まだまだ未知の部分が残っている。

その探求こそ登山者にとって、白山の最も大きな魅力ではないだろうか。

山中・山代

雪の中の温泉に限る

温泉は冬に限る。しかも雪の中の温泉に限る。という信条をいつか私が抱くようになったのは、私の一番多く訪れる機会のあるのが雪の中の温泉であるせいであろう。温泉気分というとすぐ私には雪に埋った温泉が浮んでくる。雪のない冬の温泉なんて、何か殺風景で情趣が湧いてこない。

北陸の山中や山代（やましろ）もいいが冬は寒かろう、などという人の謬見（びゅうけん）を私はここに正したい。

山中・山代は雪のある冬の間こそその真価を一番発揮する時だ、とあえて私は云う。山中も山代もその名の示す通り、山中は山の中に包まれた温泉であり、山代は古名を山背（やましろ）と云って山を背にした温泉である。寒風を山に避けて、スッポリと雪の中に収まった、情趣の豊かな温泉である。

私の故郷は北陸線に沿った大聖寺という古い小さな城下町で、山中へは二里半、山代へは一里半の距離にある。私が温泉というものを知ったのはこの二つの湯であって、山中にも山代にも行きつけの宿があった。私の幼かった頃にはまだ電車はなくて、鉄道馬車が通じていた。

カンテラを灯(とも)した箱馬車が、御者(ぎょしゃ)の鞭(むち)の音をひびかせながら、山峡の湯に入った日のことを、私は今なお古い少年雑誌の口絵のようななつかしさで、おぼろに憶えている。山中へ行く途中の河南(かわみなみ)という山代への分岐点で、鉄道馬車は馬を附け換える。その河南の貧弱な厩舎まで私の眼に浮んでくる。

その鉄道馬車が電車に変ったのは、私の小学校三、四年の遊びざかりの頃だったろうか。工事のトロッコが私たち子供には物珍しく、よくその現場へ遊びに行った。その温泉電気軌道が完成して、今は大聖寺で乗換えて、山中へも山代へも三十分とかからず行けるようになった。

双方とも開湯の歴史が古く、昔から北陸路の有名な湯治場となっていた。「おくの細道」の旅に出た芭蕉も山中には数日宿泊して、

山中や菊も手折(たを)らじ湯の匂ひ

その他の句を残している。その名残りを引いてか、今でも山中は俳句熱の盛んな所で、数年前の秋に高浜虚子を迎え、全国俳句大会を開催して、非常な盛会であった。

昭和の初年、山中に大火があって殆んど全焼した。すぐに近代的様相を以て復興したが、私が子供の時から知っていた山中はもうなかった。古い山中にはどの旅館にも内湯はなく、旅客は皆中央の共同湯へ入りにくるのであった。

浴衣肩にかけ湯座屋にもたれ
　足で「の」の字を書くわいな

山中節の文句の一つにこんなのがある。これは旅客が共同湯へ行く時には湯女(ゆな)が随いて行って、客が湯から上ってくるまで、その湯女が客の着物を持って、表に待っているさまをうたったものである。湯女は別名「シシ」とも呼ばれて山中温泉の名物のようになっているが、その湯女情緒の一番濃厚だったのは、まだ内湯のない時代の、この唄にうたわれたような情景だったであろう。

同じ頃に山代にも大火があった。しかし幸いにこの火事は中心を外れたので、湯座を取囲む古い山代は残った。今でも古い温泉情緒をなつかしむ人たちは、山代を推賞する。山中の近代的な旅館に比べて、山代の宿屋はみな古典的で朱塗りの格子がはまり、看板一つ見ても何か由緒ありげに古めかしい。家の建て方も昔の日本式に重厚で、大きな宿は大ていは「何々や」であって「何々旅館」と称するのは少ない。そして主な宿屋はすべて中央の湯座を囲んで立っている。

この中央の湯座なるものが、温泉情緒の中核をなすもののようである。そこは最も湯の匂いの強い所であり、生き生きした繁華地であり、一種の民衆広場であり、マーケットである。山中でも山代でもこの共同湯（総湯という）のまわりにいろいろな露店が並ぶ。冬になると茹でて赤くなった蟹が山のように積み重ねられて売られる。有名な日本海の蟹である。雪がやんで雨だれがポタリポタリと賑かに落ちてくる。その軒下にあちらにもこちらにも、赤い蟹の山を作って呼び売りしているさまは、いかにも北陸の温泉らしい光景である。

山中も山代も山の湯とは云え、海岸からさして遠くはない。朝、日本海で獲れた新鮮な魚がその日のうちに食膳に上る。またこのあたりには鴨のよく獲れる所がある。つぐみも獲れる。

冬の山中・山代の何よりの美味は、この蟹と鴨であろう。どんな貧弱な宿でも、この二つの自慢の美味だけは必らず食膳に供することを忘れない。

山中は渓谷にのぞんだ温泉で、自然の風景の明媚を誇っている。有名な蟋蟀橋（こうろぎ）とその下流に続く黒谷の渓流がこの温泉の自慢であって、たしかに自慢するだけの値打はある。日本一という折紙をつけた博士もあったそうだ。

従って山中の大きな旅館はこの渓流を見下す形勝の地を占めて立つようになった。窓に寄るとすぐ眼の下に、清流と大きな岩との形作る美しい景色が拡がっていて、対岸はすぐ鼻先に高い山が突っ立っている。冬はわれわれは居ながらにして深山幽谷に住しているような気分になる。対岸の山を吹雪が横ざまに掠（かす）めてゆく、その変幻に富んだ景も美しければ、雪後の晴れた陽ざしに、眼下の渓谷がそれぞれの影をつくって静かに息づいている幽寂の趣きも見逃し難い。

それに比べると山代の冬は自然の景には恵まれないが、その代り雪の湯のまちという感じが深い。北陸のことであるから、時によっては何尺も雪が降り積って、温泉全体が白一色の下に埋もれる状態になることもある。そういう時、小ぢんまりとした山代は、他のどの季節よりも湯のまちらしい情趣を発揮する。

――あさ寝ていると障子にカッと明るい陽があたって、寒雀のさえずる声がしきりである。

起き上って縁に出てみると一晩のうちに積った雪が見渡す限りの屋根々々や樹木に、

フックラと載っていて、その粒々の雪の反射が眼に眩しい。その積った雪の間から、あたたかそうな温泉の湯気がユラユラと立ち上っている。

横手の細い小路から、足駄の歯に挟った雪こぶをおとしながら歩いて行く人の、明るい話し声が聞える。浴場に馳けつける。着物を脱ぐもおそしと湯へ飛びこむ。寒さにちじこまった軀の気孔の一つ一つへ熱い湯が沁みこんでくる。いい気持である。

窓の外の軒には氷柱が長さを競うように並んでブラ下っている。その末端がポタリポタリと滴している。——こういう時、われわれは雪の温泉の醍醐味を無辺際に感じるのである。

鴨料理

私の故郷、石川県大聖寺町には、古くから一種独特の鴨の捕獲法が伝わっている。

少年の頃、町から一里ほど離れた片野の浜へ歩いて海水浴に通ったものだが、その道の途中に、大池と呼ぶ小さな湖があった。毎年秋になるとシベリアから渡ってきた鴨の大群が、この池にたむろする。狭い水面がほとんど真っ黒に見えるくらいの多数である。ある冬、この池が雪で覆われた時、鴨たちは海上に一かたまりになって浮いていたのは、何か哀れな風情であった。

私の町と日本海の間には、低い丘陵の山なみが仕切っていて、鴨の群は夕方になると大池を飛び出してその丘陵を越え、平野の方へ餌を漁(あさ)りに行く。そして明け方再びその池へ戻ってきて、昼間はそのねぐらで暮らすのである。

朝と夕、二回の薄暗がりに、鴨たちがその丘陵山脈を通過する。その時が彼らの命の瀬戸際であった。というのは、その丘陵上のあちこちに身をひそめて、彼らを捕獲しようとする数十人の「鴨打ち」が待ち伏せしているからである。

その捕獲法は、旧藩時代に私の町のある武士が発明したものといわれる。用具はサカアミ（逆網か）と呼ばれて、長い竿の上に、逆三角形の枠を取りつけ、その枠に網が張ってある。

数匹ずつ隊を組んで、次々と大池を出発し、あるいはそこへ帰還する鴨の大群は、鷹の襲撃を怖れて、丘陵上をスレスレに飛ぶ。その時、そこに待ち伏せした「鴨打ち」が、サカアミを空中高く放りあげる。あわれ不運な鴨は、その網に頸をつっこんでバタバタと落ちる。「鴨打ち」は駈け寄って網からはずし、その長い頸を二つに曲げ、しっかと紐でくくって息の根を留める。獲物に弾の疵のないのが自慢なのである。「鴨打ち」の鑑札を持っている人は、私の家の近所だけでも数人いた。紺の頭巾を被り、手甲・脚絆のいでたち甲斐々々しく、背には斜めにサカアミ（分解して袋に入れてある）をかついだオッサンたちが、暁闇・黄昏の頃、三々五々、町を出て行くさまは、私の町の一つの風物詩であった。現在のように、ジャンパーで自転車で通うようになっては、その情趣も消え失せた。

子供の頃、私はよくそのオッサンに連れられて、鴨場へ見に行った。丘陵上の方々にある多くの鴨場を、その日の天候などから推して一つ選択するのも、「鴨打ち」の技倆（ぎりょう）のうちであった。暗くなったくさむらの中にかがんで声をひそめて待っていると、やがて鴨が頭上を掠める。何千羽という鴨が次々と通過するさまは、全くの壮観であった。

鴨料理の中で一番うまいのは「ジブ」である。今でも秋に故郷に帰ると、必らず「ジブ」が出る。その料理法は、次に妻の筆を借りることにしよう。

鍋料理の時のように切った鴨の肉にメリケン粉をまぶして置く。出し汁に醬油、みりん（酒の時は砂糖少し）で味をつけ、松茸（椎茸）芹（三つ葉）葱、すだれ麩などを入れ、鴨を加えて煮込む。鴨につけたメリケン粉で煮汁がとろりとしてきたら、火を止めて、大きめの椀に盛りつけて、上に柚（ゆず）の皮か下ろしわさびをのせて蓋をして、食卓に出す。盛りつける分量をたっぷりにすれば家庭料理になり、変ったお鍋料理としても面白い。

ジブという奇妙な名前は、そのねっとりした汁がジブジブしているからともいわれ、また石田治部少輔三成が伝えたからともいわれる。秋たけなわが過ぎて、近づく寒さに身が緊まる頃、私がきまって故郷へ帰りたくなるのは、この鴨料理と、赤い蟹と、コケ（茸のこと。いろいろの種類の雑茸）を存分に食べたいからに他ならない。

ゴリ

鮴と書いてゴリと読む。うまい和製漢字である。鮴は普通の魚のようにヒラヒラと泳げない。川の底の石にへばりついて、時々石から石へ、泳ぐというよりツイツイと渡り歩くだけである。石の上で休んでいる方が多いだろう。だから魚偏に休と書く。

そんな鮴のさまを見たのは、随分むかしのことである。小学生の時だからもう五十年も前である。それでもなおあの頭のデッカイ鮴が川底の石にジッと休んでいるさまが、はっきり眼に浮かぶ。

私が育った郷里は加賀の大聖寺町で家は紙をあきない、印刷屋を営なんでいた。奉公人が何人かいて、毎年初夏の一日、家中全部で鮴突きに行くのが慣わしであった。大聖寺川という川はその上流に有名な九谷(くたに)焼の元窯（今は無い）があり、山中温泉へ流れ出てこうろぎ橋の幽峡を作り、私のふるさとの町を通って日本海へ注ぐ。町から一里ほど川上に川崎という村があって、そこの河原が私たち一家の行楽の場所であった。

　ガラスをはめた四角の箱眼鏡を左手にして、右手にヤスを持ち、それで鮴を突くのである。川底には石がゴロゴロしていて、滑り易い足元に気をつけながら、獲物を物色して歩く。ジッと留っている鮴を見つけると、ねらいを定めて突くのだが、敵も鈍間ではない。さっと逃げられて、空しく堅い石を突く時の方が多い。

　背をかがめ通しなので、疲れた背筋を伸ばすと、水底の世界ばかり覗いていた眼に、六月の太陽に輝くあたりの風景が何か別の国のように映る。うまく突き刺した鮴は取りあえず箱眼鏡の中に貯めておく。箱の片隅にヌメヌメとかたまった獲物のふえていくのが楽しかった。

　河原にゴザを敷いて、鍋をしつらえ鮴の粕汁を食べるのが、この一日の行楽のしめくくりであった。もうああいう遊びも無くなったであろう。鮴は粕汁に限るという私の意見は、少年の日の強烈な印象から来ている。

　鮴は魚屋の店に並ぶほど、たくさんは獲れないから、珍品と見なしていいだろう。小さな魚だから、頭から骨ごと食う。ヌメリとした舌触りが粕とよくあうのだろう。

　金沢は鮴を名物としている。市中の浅野川で獲れる鮴の頭には、前田の殿様の梅鉢の紋がついているといわれたりした。その浅野川のほとりに「ごりや」があって、戦後金沢に住んでいた時、折々食べに行った。伝統のある古い都に似あわしい落ちついた古風な料亭で、いろいろおいしい鮴の料理が出た。

中でも白味噌の鮴汁がうまかった。濃い汁の中に、頭のでかい本物の鮴が一尾か二尾か入っている。ここに本物というのは、私の鮴の観念として、それでなければ納得できないからである。近頃鮴と称するものの中に、白魚（しらうお）のような小魚が混じっているが、大量をまかなうにはそれも止（や）むを得ないのかもしれない。

金沢の土産に鮴の佃煮がある。飴で甘く煮かためたもので、一尾一尾掘りおこすように取って食べる。私のいう本物の鮴はこの中にはあまり見当らない。

鮴はところによってカジカともいうが、私にとってはやはり鮴でなければならない。

金沢、人と町

思い出

まず思い出から始めよう。

私は金沢から十三里離れた大聖寺という町に生れた。金沢は人も知る通り前田百万石の城下だが、その前田の支藩十万石が私の町であった。私の家は紙を商い印刷所を営んでいたが、私たちきょうだいが子供の頃、兵隊のアンカと呼んだ使用人が店の仕事をしていた。兵隊のアンカは私の家から日露戦争に出征し、旅順の包囲戦に参加して負傷した。それ以後もずっと私の店で働いていた。

兵隊のアンカは金沢の人であった。私の店へ奉公に来た時はまだ汽車もなかったそうである。そのアンカに連れられて、カネザオへ行ったのが、私の一番古い金沢の記憶である。出羽町の練兵場へ兵隊の紀元節を見に行った。大砲が列をしいて祝砲を打った。雪を踏んで群衆の中に立っていた小学校一年か二年の私は、一発ごとにおびえて耳をおさえた。

二十年の後、その同じ練兵場で、私は幹部候補生の訓練を受けていた。私の入営した歩兵第七連隊は昔の尾山城の中にあった。城は兼六園と並んで金沢のまん中を占めている。その間に百間堀と呼ぶ壕があって、もとは水を湛(たた)えていたが、よほど前に埋められて、私たちの時にはそこに電車が走っていた。演習が終ると、隊伍を組んで、兼六園のわきを通り、百間堀の上にかけられた空橋(からはし)を渡って、石川門の中へ吸われていった。

その頃は金沢は学校と軍隊の町と言われたほどで、日曜になると兵隊が町に溢れた。下士官たちはサンバマチ（西の遊里）へ突進した。旅順の攻撃で偉勲を立てた第九師団の司令部は金沢にあって、町はずれに特科隊、つまり、砲兵、工兵、騎兵（まだそんなものがあった）、輜重兵(しちょう)などの兵舎が集合していた。日曜の外出には、よくサンバマチあたりで兵隊の喧嘩があった。歩兵は軍の中枢と言われたが、荒っぽさでは特科隊にかなわなかった。第七連隊の兵隊は特科隊の兵隊にいじめられた。

私が幹部候補生としてシゴかれている頃、昭和六年の秋、満州事変がおこった。私は十一月に退営したが、その翌年第七連隊は上海に出征した。私の直属上官であった中隊長も大隊長も連隊長も、みなその戦いの犠牲となった。

　それからまた十三年後、私は同じ兵営の門から戦争に駆り出された。行先はシナ湖南省であった。そこで私は終始野戦小隊長をつとめ、終戦の翌年の夏復員した。もう日本には軍隊は無くなっていた。第七連隊の兵舎は金沢大学の校舎になった。出羽町の練兵場にも家屋が立並び、その一隅の赤煉瓦の兵器庫は、美術大学の校舎に変った。

　もう一つの古い思い出は四高である。この学校も町のまん中に、尾山城の森を背にして、古雅な赤煉瓦の甍をそびえ立たせていた。カラタチの生垣をめぐらせ、そのふちを用水が流れていた。表は、昔からの金沢のメーンストリートであった広坂通りに面し、こんな市街の第一等地に位置している学校を、私はほかにみたことがなかった。

　四高生は町の人々から愛され、娘たちの眼をひき、私たち中学生には憧れの的であった。彼等がマントを無造作に肩に引っかけ（間貫一以来マントは旧制高校生の一種のイキな服装であった）、大声で寮歌をうたいながら町を闊歩して行く姿を、私は熱い眼ざしで見送った。校門前のタバコ屋から、本を二、三冊抱えこんだ草履ばきの学生がそそくさと校門へ駆けこむ姿も、私には颯爽とした羨ましい行為に見えた。

　私の同級生は大ぜい四高に入った。中学生の頃は謹直そのものであったような生徒が、タバコを喫い酒を飲み、人生を論じ恋愛を談ずるようになった。広坂通りをおりて片町へかかる所に石川屋があって、そこは四高生のサロンのおもむきを呈していた。このごろの喫茶店や学生集会所には見当らぬ、のんびりとした自由な空気がそこにあった。優等生よりも落第生の方が幅を利かす時代であった。

学校の寮に収まらぬ連中は、裏町の古い家を借り、塾を作って屯（たむろ）していた。サンサン塾、若越塾、旅行部の塾など、それぞれの特徴を持った梁山泊が、静かな屋敷町に散在していた。塾生たちは夜おそく酔って帰り、火鉢に火をおこしてまたしゃべりつづける。タバコがなくなると、火鉢の灰を掻き探して、短かい喫いカスを拾った。

旧制高等学校の出身者が母校をなつかしむ風は全国的であるけれど、わけても四高にそれが著しいのは、彼等は金沢というよい環境に恵まれていたからであろう。そこで彼等は大事にされ、特権のようなものを認められていた。

人

今度の戦争でわが国のおもな都市は大てい焼かれて、僅かに残った京都や奈良と並んで、金沢は町そのものが国宝的存在と私は思う。もう二度とこういう町は出来ないからである。戦後復活した都市がいかに繁華であり、近代的であっても、もはや重厚な陰翳はない。

近代文明の大きな錯誤の一つは、すべてのものが個性を失って行くことだが、その代表的な例が都市建設である。画一的な計画と合理的な設計は、微妙な美しさや奥ゆかしい風趣を抹殺してしまう。

明治の中葉、森鷗外が西洋から帰って来た時、まず彼の反対したものは、都会改造論と仮名使い改良論とであった。建物の高さを一定して整然たる美観を図ろうとする論に反対して、そんな兵隊の並んだような町は美しくない、むしろ反対に軒の高さを一軒ずつ別にして、参差錯落(しんしさくらく)たる美観を造るように心がけたらよかろう、と言った。仮名づかいのほうは、その当時コイスチョーワガナワというふうに書かせようとしていたのに憤慨して、「いやいやOrthographicはどこの国にもある。やはりコヒステフワガナハの方が宜しかろう」と主張して、その改良論を覆してしまった。

仮名づかいはさておき、都会については、金沢の町の美しさは、画一主義に捕われない、その不規則なところにある。繁華な表通りは、全国どこの都会へ行っても一様であるが、裏側へまわると一つとして同じものはない。規格品がない。金沢ほどローカル・カラーというものが濃厚に存している町はあるまい。しかもそれがわざとらしさでなく、何気なく残っている。くずれかけた長土塀、気品のある門構え、黒い艶を持った屋根瓦――古い文化の伝統がそこにしみ渡っている。

作家の八木義徳君は一兵卒として私と一緒に湖南省で過した仲間だが、彼が初めて応召地の金沢に来る時、彼の師の横光利一は、金沢へ着いたらまず高い所へ上って町を見おろせ、と餞別に言ったそうである。上から見た金沢の町は美しい。黒々した瓦ぶきの屋根屋根が、それこそ参差錯落、しかも清潔に簡潔に、一糸乱れないていの幾何学的な線で、犇(ひし)めいている。八木君はその美しい景色を見て、「これでもう死んでもいい覚悟が出来ました」と、もちろん誇張はあろうが、笑って私に話したことがある。

終戦後約四ヵ年半を私は金沢で暮したが、暇があれば裏町をさまよった。迷路のように入り組んだ幅の狭い道をあてもなく歩いていると、ひょいと見覚えのある所へ出る。謎解きのような楽しさがあった。碁盤目の四つ辻は殆んどなく、道がはすかいにつながったり、袋小路であったり、まがりくねったり、その間にはヘクソカズラの蔓が覆った土蔵の壁があり、紅柄(べんがら)で塗った細かい格子(簾(す)の子と呼ばれる)のはまった家があり、形のいい松が内側から枝を差しのべている土塀があった。

迷路的であるのは、藩政時代に敵の隠密をまどわすためだと言われるが、自動車の多くなった今日、非能率的であることは事実である。しかしただ便利と実用だけを重んじて、この情趣の濃い古典的な町並が新興都市の無趣味に変ることを私は歎く。それは長い年月の間に、おのずから生活と自然とが調和して作られたものであった。

どこの都市にもある繁華な表通りほど、個性の無いものはない。そこには似たような店とデパートと銀行とパチンコ屋が麗々しく並んでいるに過ぎない。それは安価な合理主義と、流行の模倣と、声高い宣伝であって、真の文化を生み出す潜勢力は地道な裏通りにある。金沢の裏通りを歩いている時ほど、それを強く感じることはない。

そういう陰翳の深い町が高峰譲吉を生み、三宅雪嶺を生み、鈴木大拙を生み、西田幾多郎を生み、木村栄を生み、泉鏡花を生み、徳田秋声を生み、室生犀星を生み、その他幾人もの人間国宝を生んだ。

金沢の裏町を歩いていると空から謡が降ってくる、という話がある。松の手入をしている植木屋が唸っているのである。その譬えが示すように、庶民は芸術を愛好する風があった。私と親しかった実直な大工さんはすぐれた俳人であったし、豆腐屋の主人は絵を描いた。

ある夜、私が寂しい町並を通ると、電灯を低く垂らして一心に靴の底を直している小さな靴屋があった。その人が金沢の能楽堂で一番の狂言師であることをその横顔で発見した時、私は感動した。

数年前ある雑誌で、各県の代表的な女性を連載したことがあった。石川県の番が来たが、これというめぼしい女性がいない。めぼしいというのは、たとえば西隣の福井県には奥むめお女史があり、東隣の富山県には左幸子さんがあった。しかるに石川県にはそういうジャーナリズムにもてる女性がまったくいないのに、はたと困った。

しからばわが故郷の女性はそれほど不甲斐ないのか。オー・ノー。才能もあり、器量もあり、度胸もある点では他県の女性に毫(ごう)もひけを取らないのだが、ただ彼女たちは花々しく表に立とうとしない。男性のかげに身をひそめている。多くの有為な人材を作りあげ、世に送りだしたのは、実にその母でありその妻である彼女たちであった。彼女たちの間から一として女名士の出ないことは、裏返せば、彼女たちがいかに聡明であるかの証左である。

嫁を貰うなら金沢の女を貰え、と言われるほど金沢の女性が有難がられるのは、嫁の実家が婚家先につくす涙ぐましいほどの奉仕の習慣はさておいても、彼女たちの旺盛な婦道的精神によるものであろう。軽率な読者は、婦道的精神という言葉をわらうであろう。直ちに封建的な女性の屈辱と見るかもしれない。さにあらず、彼女たちが成長して一家に占める位置は、隠然とした勢力を持ち、そこらの進歩的女性とやらが思いも及ばぬ権利を持つのである。

町

金沢の美しさはその地形にも負っている。中央に一つの丘が南へ伸びてきて、その末端にあるのが兼六園と尾山城である。この丘陵の両側と、南の平坦地に、町が拡がっている。その両側には二つの川が平行して流れている。犀川と浅野川。一つの都市で、その市中に二つの川を持っているのも珍しいが、その二つとも、他の都市によく見るようなダラケた川ではなく、清冽な水が勢(いきお)いよく走っている。私のいた頃は、解禁になると釣人が川岸に並んだ。市中で鮎(あゆ)や鮴が採れたりする川は他にはないだろう。

二つの川はまた対照的であった。犀川は開放的で明るく、近代的で、洋画的であるのに反し、浅野川は内省的で翳に富み、古風で日本画風であった。古い金沢人に言わせると、犀川べりの住人と浅野川べりの住人とでは、その気質まで違うそうである。そういう微妙な差異は私などにはわからなかったが、そんな伝統はもう消えているだろう。

この二つの川の外側が、またそれぞれ丘陵になっている。だから金沢には坂が多い。

坂は町を立体的にする。森の都と言われるほど樹木の多いせいもあって、それらの坂が風景に変化を与え、平板から救っている。

私は浅野川のほとりに住んでいた。家から僅かでその川ぶちに出る。思い屈した時には近くの橋の上に立って、上流の遠い山々を眺め、それから川岸の松並木や桜並木、古めかしい家の並びに眼をやるのが常であった。梅ノ橋と呼ぶ、木と土で出来た素朴な橋が、私の家のすぐ近くにあった。その橋が泉鏡花の『滝の白糸』の舞台だと言われた。ところが私の在住中二十年目とかの大洪水があって、私の家は床上三尺の浸水を蒙むると同時に、梅ノ橋も流されてしまった。それ以来この橋の復活を見ず、五十メートルほど上手の天神橋のたもとに、新しく「滝の白糸碑」が建った。鏡花の芝居の舞台としては、天神橋は近代的すぎてイメージに欠けるが、これも一つの観光政策であろう。

天神橋のきわから卯辰山公園への登りになる。少し登ったところの小さな台地に、疎らな木立に囲まれ、その木洩れ陽を受けて、鏡花の碑が建ち、

母こひし夕山ざくら峰の松

と彼自身の手蹟が刻まれている。台地の片隅に、目立たず、古い比翼塚がおかれて

あるのも、鏡花的であった。

　卯辰山は高さ百メートルあまりの丘陵で、今は舗装道路がつき、ヘルスセンターなど出来たが、私のいた頃は、日曜以外は人影の少ない静かな公園であった。兼六園が精巧な人工の加わった庭園であるのに反し、こちらには野性的な自然が残っていた。市内で緑に恵まれた市民は、何か催しでもなければ滅多にこんな山へ登って来なかった。


　私は家から近いから、よく卯辰山へ散歩に行った。天気のいい日には、そのてっぺんから立山と白山の両方が見えるのが私を喜ばせた。眼を返すと、下には屋根瓦の町がおちついたさまに拡がり、その果てに日本海の海岸線が延びていた。

　その眺めを楽しんでからの帰りがけ、私は頂上の近くにある徳田秋声の文学碑に敬意を表することを忘れなかった。金沢出身の建築家谷口吉郎氏の設計で、士族町の長土塀を模し、横に長い壁面の右肩に陶板をはめて、それには「書を読まざること三日、面に垢を生ずとか昔しの聖は言つたが、讀めば讀むほど垢のたまることもある。體驗が人間に取つて何よりの修養だと云ふことも言はれるが、これも當てにならない。むしろ書物や體驗を絶えず片端から切拂ひ切拂ひするところに人の眞實が研かれる。秋聲」と、いかにも自然主義の大家らしい処世言が記されている。

鏡花と秋声は浅野川界隈に生れ、室生犀星は犀川のほとりに生れた。当然犀星の文学碑は犀川べりに建ったが、私はまだ訪れていない。

日本のワイマール

この古い町に住んで、秋から冬を通じて春へかけての季節が、一番感銘が深かった。金沢の金沢らしい特色が最も発揮されるのはこの時期であろう。秋が終りに近づくと人々は口ぐせに言う。

「またいやな季節になってきましたね」

「全く表日本がけなるいですよ」

「金沢にもこの天気の悪ささえなかったらねえ」

いかにももっともで、誰しも寒い時には太陽の光線が恋しいし、時を定めず降ってくる雨や雪が嫌わしいのは無理もない。しかしどうにもならぬ天候の愚痴をこぼすよりは、どうせ逃れぬことならむしろそれを容認して、進んでその中に美を見出したほうが賢明であろう、と私はよく人に説いた。

そう観念してしまえば、金沢の冬もなかなか風情に富んでいた。みぞれとか時雨とかいう季感の本当の味わいは、北陸に住みついてみなければ分るまい。いま天を覆っていた雪雲が動いて、思わぬ青空を仰いだり、かと思うとまた暗くなって霰が庇を叩いたりする。変幻きわまりない空の推移。風のない晴れた朝、朝の川の中州がそれぞれこんもりと雪を載せて、眩しい陽ざしに静かな影を作っているおだやかな風景。道のつきあたりに雪嶺が異様に大きく迫っている夕方。私は金沢の冬の美しさに打たれた。

東京や大阪のカラリと晴れた天気を知っているから、金沢の陰鬱な冬に不平があるので、ロンドンでもベルリンでも世界第一流の都市の冬は決して天候には恵まれていないと言うではないか。そんなに晴天が欲しかったら南洋にでも行くがよい、と私は、二階の欄干に布団をいま干したかと思うとすぐ取入れ、また干すという仕草の繰返しをこぼす妻に、よく言ったものである。気象の微妙な変化こそ、金沢のキメの細かな美しさであった。

おまけにこの季節ほど、おいしいもののたくさん現われる時はない。魚屋の店先に、薄雪をかぶって赤くゆだった蟹が並ぶ。大柄なのが雄のズワイ、小ぶりが雌のコウバクで、料理屋などの膳につくのは見栄えのいいズワイであるが、私たちには赤い固い身のつまったコウバクのほうが安くてうまかった。夕食の総菜に食い荒した甲羅が皿にやまをなした。

鴨も採れた。その肉を使ったジブという料理は金沢の名物になっている。それからカブラずし、これは各家庭で作った。カブを薄く輪切りにして、その間にブリをはさみ、糀（こうじ）で漬けたものだが、私はこれが好きで、今でも金沢から送ってもらっている。それからツグミ、これは今は採るのを禁じられているそうだが、私の子供の頃にはいくらでもあった。その他いろいろあるが、食べ物の話は私の任ではない。

歳末には鮒（ふな）の値があがるという。これは元日の朝の雑煮の膳には、鮒をつける習慣があったからである。武士はいくら零落しても新年には尾頭（おかしら）つきの魚が食膳にないことを恥とした。その名残りだと聞いた。この伝統の濃い城下町には、今でもそういう物堅い風習を守っている家が少なくない。

私が金沢を去ってからもう十二年になる。一度でも金沢に住んだことのある人は、みな金沢をなつかしがるが、私にも懐旧の情は深い。よく私の家の二階に集った仲間、最終電車の心配もなく皆歩いて帰れる町であったから、夜の更けるまで、飲みかつ語ったのである。大部分が若い大学の教師で、金沢を日本のワイマールと呼んで気勢をあげたものである。その連中もつぎつぎと東京へ出てしまったが、今でもよく集って金沢の気分を出している。

その当時、東京から友人が来ても、こちらのふところの空のことがあった。しかし案ずることはなかった。金沢というところは、料理屋からタクシーまでツケが利いた。金沢を去る時には、酒屋、八百屋、床屋までがセンベツをくれた。そういうところであった。

金沢は美しい。あわただしく兼六園を素通りして、香林坊で土産物を買って行く旅行客には知られぬ美しさが、金沢に住みついてみて初めて感じられる。尾山城の草茫々としていた本丸の跡、犀川の白い石の磧(かわら)、小立野(こだつの)からおりる幾つものもの静かな坂道、金沢のあちこちに私の深い思い出が残っている。

能登　文芸風物詩

能登はアイヌ語で半島という意味だと聞いたことがある。試みにバチェラア博士のアイヌ語字典を引いてみると、Noc-hi Syn : Not の項に「口、顎、岬」と出ている。

この文章の読者の九十五パーセントまでが、おそらく能登くんだりまで出かけたことのない人だろう。全くくんだりとも言いたい用のない所である。かく申す僕すら同じ石川県に住みながら（石川県は加賀・能登の二国より成る）昨年（一九四九年）初めて能登に見参した位である。

汽車で能登に入ると直ぐ右手に、山の連なりが見える。これが宝達山（ほうだつ）といって能登最高の山で、高さ六三七メートル。その頂に立つと、越中の立山と加賀の白山とを、両手に花といった趣に展望することが出来る。高山はこれ位の距離をおいて眺めるのが一番美しい。もう三十年も前、僕が金沢で兵役の義務に服している時、秋のある日曜の外出を利用して、一人でこの宝達山へ登ってきたことがある。山といえば眼のない頃で、僕は兵舎の二階からいつもこの山を遠く眺めて、登頂慾をそそられていたのを果したのである。

能登へは北陸線の津幡から支線が分れている。一時間ほどで羽咋（ハクイと読む）という町があって、ここは加能作次郎を生んだ土地である。今の読者は加能作次郎を知っているだろうか。広津和郎氏や宇野浩二氏等と同じ仲間の自然主義作家で、善良で地味な私小説ばかり書いていた。近く故郷に文学碑が建つそうである。加能作次郎は覚えていても、藤澤清造という名を知っている人はごく稀だろう。能登七尾市の出身で、大正年間「根津権現裏」という小説で世に現れたことのある作家である。零落して芝の増上寺の前で行倒れになり、身許不詳の行路病者として取扱われたという悲惨な最後だった。故郷でさえあまり知られていない。文芸風物詩だから、こういうことも書き加えておいていいだろう。

七尾市の附近に昔の城址の小山がある。上杉謙信がかの有名な「越山併せ得たり能州の景」の詩を賦した所で、戦時中、はやりの顕彰碑をそこへ建てようとしたら、ある頑固な老人が出てきて、「謙信は、我々の祖先の仕えた畠山氏を滅ぼしたのだから、我々にとっては仇敵である。そういう者の碑を建てることはまかりならぬ」と譲らなかったそうである。滑稽だが愛すべき老人だったにちがいあるまい。

地図を御覧になるとよく分るのだが、能登半島はその東側で富山湾を囲み、西側は日本海に曝(さら)されている。土地の人は、その富山湾側を内浦、日本海に面している方を外浦と呼んでいる。内浦は浪おだやかで柔和な相を呈しているに反し、外浦はシベリヤからの風を直接受けて、豪宕(ごうとう)にして荒涼といった形容詞があてはまる。

その内浦に大きく食いこんでいる入海が七尾湾である。湾の入口を能登島という大きな島が塞いでいるので、入海というより湖水のような感じである。三年前〈一九四七年〉、国民体育大会が金沢に開かれた時、この入海がヨットの競技場になった。その道の人の言によると、理想的な良い競技場だそうである。というのは四周を低い山で取囲まれているため、風の方向が始終変って、ヨットの操作に高等な技術が要求されるというのである。

七尾の近くの和倉温泉はこの入海に臨んでいる。おだやかな海を見晴らしたところに、

家持(やかもち)の妻恋舟か春の海

と彫った虚子の句碑が立っている。大伴家持が越中守に任じられていた頃、当時その統治下にあったこのあたりへ、よく巡遊にやってきたらしい。

香島(かしま)より熊来(くまき)をさして漕ぐ舟の舵とるまなく都しおもほゆ

その他数種の歌が残されている。和倉温泉の宿屋の二階から能登の島山を眺めていると、まことにのんびりした平和な気持である。おそらく万葉集の時代もかくあったろうと思える位、人工の手の加わらない、殆んど近代色のない風景である。

和倉から入海を越えて遥か対岸に近く、机島という小さな島を、旅行客は教えられるだろう。これはやはり万葉集の巻十六に載っている能登国歌三首の中に出てくる島で、この国歌はいかにも当時の民謡らしい素朴なひびきがあるから、その一つを挙げてみよう。

かしまねの　机の島の　しただみ（貝の名）を　いひりひ持ちきて　石もちつつきやぶり　早川に洗ひすすぎ　辛塩にこごと揉み　高坏(たかつき)に盛り　机に立てて　母に奉(まつ)りつや　めづ児の刀自(とじ)　父に奉りつや　みめ児の刀自

丁度この机島に一番近い瀬嵐(せらし)という村に、旧友のS君が住んでいるので、僕は一日この島をめぐって遊んだ。近来形容詞に苦労して風景描写をするのがとんと面倒臭くなったので、この松林に被われた詩情豊かな閑雅な小島の美しさを、諸君に眼に見えるように如く示せないのは残念である。これが大都会の附近なら忽ち名勝として雑踏するところだろうが、何しろ交通不便なため茶店一つない。

能登へ行く支線は、以前は七尾までだったが、近年漆器で有名な輪島町まで伸びた。これが頗る漫々的な汽車で、金沢から輪島までうまく行って五時間もかかる始末である。能登の開発が後れているのは、地元の識者が叫ぶ通りこの交通の不便さにある。

しかし又この不便さのため、古いものが損なわれずに残っている。

例えば、奥能登に時国家という豪家がある。平家の末裔だという真偽はともかく、一村を領有してその矜持と格式は、十九世紀のフランス小説に出てくる公爵領の如きものがある。家の構えは勿論、家具調度すべてが大時代で、家の人も頗る世間離れがしている。僕の知人が二三年前にこの家を訪問した。まだ使い紙に不自由な頃で後架に古新聞が切って入れてあった。蒐集癖の強い知人はそれを持ち帰って僕に示したが、何とそれは明治二十三年の新聞であった。六十年も前の新聞を落し紙に使っていることだけでも、そのアナクロニスチックな生活振りが察しられる。

それから又、能登半島の突端に近く、長慶天皇の子孫であることを固く信じて、その家門の光栄に恥じることないような謹厳な体儀と孤立を守っている旧家がある。しかも少しも売名的ではなく、世間に騒がれることを極度に警戒している。

こういう旧家が、そういうお伽噺のような生活態度を二十世紀の半ばまで続けることを許されたことは、能登なればこそだろう。

僕を案内して能登をめぐったS君の家も旧家の一つである。能登には古くからの大きな家が多い。その大きな家が大てい縁続きになっている。お互いの家の話になると、先代とか先々代とかいう言葉が必らず出てくる。「能登はどこへ行っても何か親類がありますよ」というS君の言は、旅行中にまさしく実証された。

田畑に乏しくて山地が大部を占め、交通が不便で、活気のある世界から疎外され、一種別天地的なのんきさはあるが、人物を輩出していない点、能登は伊豆に似ている。やはり半島という中枢から脇への派出は、所謂揉まれて成長するということに乏しいのだろう。

だが僕は半島というものが好きだ。殊にその突端にはロマンチックな欲情をそそるものがある。もうこれ以上先がないという限界に立った感動は、水平を垂直にして登山の頂上を極めた感動に似ている。能登半島の日本海に突き出た先端を珠洲(すず)岬という。僕はそこまで行ってみた。岬の端に狼煙(のろし)の灯台が真白な円筒で立っていた。能登で見たものの中で、これが一番新鮮で近代的な感じだった。

能登半島の外浦――つまり日本海に直接曝されている側は、全く海ぎわまで山が迫っていて、殆んど平地らしいものがない。山の斜面に僅かな段々を切り拓いて乏しい農作物を作っている。主業は漁師である。

灯台から十キロほど離れた高屋という小さな漁村に僕は二夜を過した。道路が悪くてここまでは自動車も通わず、村に電話一つないという僻村である。それでも僕の御厄介になった家は、広大な山林の所有主で、この地方きっての豪家であった。

金沢まで出るにもまる一日かかるという辺鄙な土地であったが、それでも村の青年が七八人集ってきた夜の座談会に、「チャタレイ夫人」発売禁止問題が出たから、ジャアナリズムの侵蝕力は怖るべきものである。

奥能登の外浦では、輪島が唯一の町である。輪島塗の産地で、一般の北陸の家の作り方に似ず、どの家も二階が高くガラス障子になっているのが眼を惹く。これは漆器という手工業のために明るく採光しているのだそうだ。ここの高等学校の先生の話によると、生徒は皆手先が器用だというが、多年の町の伝統はそういうところにまで現われるのであろうか。すぐ海っぷちまで家が建っていて、冬の怒濤が一湾を覆うて迫って来る時は凄愴（せいそう）な趣を呈するという。

冬波の百千万の皆起伏

とは高野素十氏の輪島での句だそうだが、土地の人とすれば、

冬波を見に輪島までそれは〳〵

であろう。住民にとって辛い生活であっても、旅行者の好奇的な興味を惹くものに、尚この町に海女(あま)部落というのがある。夏になると部落ことごとく海上何十里かの孤島舳倉(へぐら)島に移転して、そこを根拠に海女の重労働が始まる。それに就いてのさまざまの奇習は、既に幾人かの探訪家によって紹介ずみである。

春の岬

春の岬　旅の終りの鷗どり　浮きつつ遠くなりにけるかも

三好達治の歌である。岬というものがロマンチックな旅情をそそるのは、どういうわけだろう。一種の究極であるからか。辺境に来たという流離の念からか。颯爽と海へ腕を伸ばして、鈍間な胴体を嘲っている、その潔ぎよさによるものか。

能登はアイヌ語で「大きな岬」の意だという。日本海へ突き出たこの巨大な陸地は、大陸に近く、かつては海彼岸との交通に大きな役割を果した。古代や中世にこの半島に文化の栄えたことは、ここに数多く埋れたものによって証明できた。性急な戦国時代の英雄たちは、こんな僻遠の地へ軍を進ませる余裕がなかったので、古い信仰や風俗が今なお生活の中に残され、民俗学の宝庫と見なされている。

例えば日本海の荒波がじかにぶつかる能登の外浦に、福浦という小さな漁村がある。

昔は福良津と呼ばれ、朝鮮や中国との貿易が行われて、渤海の使節がここに上陸したと伝えられている。その名の通り福に充ちた港であったらしく、遊女屋なども栄えたようである。腰巻地蔵というのがあるが、それは遊女が客の舟出をおくらせるために、海の荒れるよう願をかけたのだという。

ここには日本最古の灯台がある。慶長年間に建てられたという木造で、もちろん今は新灯台ができたからそれは形骸をとどめているだけだが、昔はこの木造灯台もさぞ近代的な建造物として騒がれたに違いない。この港の殷賑ぶりが察せられる。

福浦より北に富来港がある。富来は「福が来る」で、やはり能登西海岸が交易で栄えた頃の一要津だったのだろう。富来の近辺は、何となく豊かな感じの一別天地をなしている。大きな湾を一つ抱えこんだ眺めも、おだやかで絵のように美しい。ここにはクジリ祭りというのがある。クジルという言葉が意味するように、すこぶる好色的な祭礼であったが、民主主義の世になって女性の地位が高く叫ばれる今日では、その祭りの特色も衰えたようだから、祭りの様子の細述は避けよう。しかし昔の祭礼の風習は、今の道徳的標準で私たちが考えるような淫らなものではなく、もっと素朴で無邪気であったに違いない。

能登の外浦は大てい山が海ぎわまで迫って、しぜん奇岩怪石の勝景を作っている。

勝景は遊覧客には結構な眺めであろうが、そこに住む人たちには耕地の乏しいことを意味する。平地が少ないから山腹を開拓して田にする。無数の小さな田が段々になって上へ及んでいる。これを千枚田と呼ぶ。百姓が夕方田植を終って帰ろうとすると、田が一枚足りない。不思議に思ってふと笠を取りあげると、その下に田が隠れていたという話があるほど、零細な田の階段的集合である。上まで肥やしを担ぎあげる労力も大へんであろう。

社会主義的良心から見ると、この千枚田ほど侘しい風景はないが、同じく侘しいものに、その近くに塩田がある。揚げ浜式製塩と呼ばれるもので、大きなタライに海水を汲みあげて、そこから砂地へ水を導く。砂には筋目をつけて塩水の乾燥を早くし、乾きあがってから掻き集める。以前はこの塩田が二十あまりあったそうだが、今は二つ三つしか残っていない。原子炉の出来る時代、それは当然であろう。

外浦が半島の突端に近づくにつれ、風景は孤独の相をおびてくる。海に迫った岩の崖が波に侵蝕されて、たくさん洞穴ができている。近年ようやく自動車道がついたそうだが、以前はやっと人が通れるくらいの道しか無かった所もあった。窓岩と呼んで、大きな岩の真ん中に穴があいて透けて見える所がある。岩から滝の落ちている所もある。

大谷（おおたに）、馬緤（まつなぎ）、高屋（たかや）、折戸（おりど）などの小さな村が、海ぞいに飛び飛びに連なっている。いずれも山と海の間のごく狭い土地に家が立っている。いかにも辺境といった感じだが、それだけに平和な桃源境のおもむきである。

高屋の旧家に私は泊めてもらった。こういう村で一番大きい建物はお寺であり、近代風な瀟洒（しょうしゃ）な家があれば、それはお医者さんにきまっている。私の泊った旧家も医家であった。村の家々は石垣をめぐらし、そのきわまで海が来ていた。

能登半島の突端、禄剛崎（ろっこう）に立って、私は感動した。もうその先には、果てしない紺碧の海しかなかった。樹木と草の生い茂った緑の丘の上に、真白な円筒の灯台が立っていた。原始的な景色の中に、その清潔な塔は美しい調和で立っていた。人は誰もいなかった。波の音も聞えなかった。太古の静寂があるばかり。私は感動した。

V 東京暮らし

川

　私は終戦の翌年中国から復員して、まず妻子の疎開先の越後湯沢で一年数ヵ月を過した。その頃はまだ村であった湯沢（今は町）のそばを魚野（うおの）川が流れていた。その河原へ私はよく小さな子供を連れて散歩に行った。末は信濃川に合する魚野川も、湯沢あたりではまだ渓流のおもかげを持っていて流れが早く、対岸へ渡るには粗末な長い吊橋によらねばならなかった。雪解けの頃には、吊橋すれすれになるくらい水嵩（みずかさ）の増した川が勢よく下流へ急いでいた。

　湯沢から私の一家は故郷の石川県大聖寺町（今は市）へ移った。私の借りた家のうしろを大聖寺川が流れていた。その川は私が子供の時泳いだり釣をしたりした川であった。その川が氾濫して私の生家が水浸しになったことも幾度もあった。あまり町に与える水害がひどいので、町の外側へ放水路を作ったのは、私の学生時代のことである。放水路（新川と呼んだ）へ水を奪われた町中の大聖寺川はドロンとたるんで、錆（さ）

びた水があちこちに棄て物を浮べている汚ない川になった。むかし石礫(いしがれい)が海から溯ってきたり、貸ボートを漕いだりした川のさまはなくなっていた。それでも私にとってはなつかしい川であった。川は少年時代の私の思い出に充ちていた。

大聖寺に三年半暮して金沢へ移住した。そこで借りた家は浅野川のほとりであった。古い都金沢には二つの川が市中を貫いていた。犀川と浅野川。犀川のほとりで室生犀星が生れ育ち、この詩人は犀川の詩を幾つも残した。浅野川は泉鏡花や徳田秋声が少年時代に親しんだ川で、鏡花の「滝の白糸」の橋はこの川にかかっていた。

ある夏の末、この浅野川が何十年ぶりの洪水をおこして、私の借家の床上三尺まで水が押しよせた。水の運んできた大量の泥は、水が引いても、床下や玄関や家具調度の隅々にまでたまって、家族は一月以上も泥の始末にかかっていた。そんな目にあったが、平生(へいぜい)のおとなしい浅野川は、四年半の金沢滞在間にどれほど私を慰めてくれたことだろう。私は思い屈すると川を眺めに出た。夏はよく風の通る涼み場であり、冬、川の中州にこんもりと積った雪の風情は、得も言えなかった。毎日私は浅野川を見ずに過したことはなかった。

戦後十年ぶりで私は東京へ戻った。私の居を構えた世田谷に川はなかった。行けども行けども川はなかった。ただ同じような道が続き、同じような住宅が並んでいるばかり。川のない都会の何という味気なさよ！

どんな都市にも川はある。いや、川のほとりに都市が生長したのだ。交通機関の発達した現代では、かってその川のレエゾン・デートルであった舟楫（しゅうしゅう）のつとめは放棄しても、都市に情緒を与える大きな役割を今尚果している。古い都は川の伝えた伝統を持っている。

一国の首府にしても、パリのセーヌ川、ロンドンのテームス川、ウイーンのダニューブ川等、その川を除いてその都市が考えられないほど深い関わりを持っている。そうすると東京ではさしづめ隅田川であるが、むかしの墨堤、或いは大川端時代はとっくに過ぎて、現在の私たち市民には甚だ縁の遠い川になってしまった。生活の一部として隅田川のほとりを歩くということが、十年に一度もあろうか。それでは町なかを流れる川とは言えない。

このマンモス都市はあまりに拡がりすぎた。そしてどこにも眼を楽しませる川はない。市民に親しい川はない。人は多摩川や荒川をあげるかもしれないが、それはあまりに遠すぎる。電車に乗って川へ行く暇人はない。川は私たちの生活のすぐ近くになければならない。鴨川が京都の情趣にどれほど大きな影響を与えていることか。東京にはそれがない。

十年間いつも川の近くに住んできた私の東京へ来ての第一の失望は、川の見えないことであった。家内は私をあわれんで、家から程遠からぬ所に川の流れていることを教えてくれた。行ってみると、それは水道上水であった。幅四、五メートルの直線的人工用水は幅一ぱいに水を充たして流れていた。しかしそれは川ではない。川は伝統を持っている。河原があり、中州があり、曲りがあり、たるんだ所があり、そしてそれらが皆何かを語っていなければ川とは言えない。

自然なものが好き

何でも自然なものが好きである。刈りこんだ庭木よりも、思う存分枝葉を伸ばした原っぱの木の方が。手のこんだ料理より、ナマの魚や野菜の方が。芸を仕込まれた飼犬よりも、自由に飛び廻る野犬の方が。性にあう。

愛犬・愛猫家にはすまないが、私には全くその趣味がない。夕方散歩していると、犬を運動させている人によく出あう。動物が排泄する間、人間はじっと待っている。その甘やかされて腑抜けな犬が、生意気にも時々吠えかけることがある。棍棒を持っていたら一撃加えてやりたい。

わが家の庭には多くの蟇が住んでいる。平生どこにいるのか、雨降りの日などに一匹二匹お目にかかる。あれほど悠然として物怖じしない動物もない。鼻先へ下駄をさしつけても、素知らぬ顔である。私の大好きな動物である。

三月の初め、その図体に似合わぬ可愛い声で泣き出すのを聞くと、春が来たなと思う。やがて庭のあちこちの土を盛りあげて、次々と姿を現す。おそろしくスローモーションである。半身土から乗りだしたまま一日もじっとしている。

出盛りは彼岸の頃で、狭いわが庭に二十数匹も現れて、愛の交歓をする。二つ重なったまま、逃げようとも隠れようともしない。ある朝門前の舗装道路で、雑巾(ぞうきん)のようにペシャンコになった死体を見つけた。妻の許へ帰る途中であったろうか。ついに蟇にまで交通禍が及んだのである。私は自動車を憎悪した。

庭に小さな池があって、蟇のオタマジャクシで一ぱいになる。私はこよなくそれを愛した。暇があれば池のふちにしゃがみこんで、その成長を見守るのが楽しみであった。大雨が続いて池の水が溢れた。晴れて出てみると、わが愛するオタマジャクシは一匹も見つからなかった。私の悲しみは深かった。

何でも自然なものが好きなのである。数日前、うちの前の電柱がコンクリートの柱に変った。電柱なんて、節があったり、叩くとコトコト鳴るところが趣きがあるのであって、灰色の堅固な棒では無愛想きわまる。私の近辺も日増しに無風流になる。

目にあまるのは、流行のブロックの塀である。緑の生垣が次第にそれに代りつつある。そんなに要害堅固にする必要がどこにあるのか。小牢獄を思わせる、あの味も素っ気もないブロック塀を見るごとに、私は中の住人は贋造(がんぞう)紙幣でも作っているのではないかと思う。

私は自分の精神には三重カギをかけたいようなプライバシーはあるが、現実の生活には覗かれてやましいものは何一つない。夕餉の灯がチラチラと生垣を洩れてくるのは、いいものである。密閉したアパートの一室には犯罪が行われ易いと新聞で見たが、あのブロックに囲まれていては、危急の際、逃げ道もないだろう。

すべて便利で安易なものが文化的と思われている。東京へ越してからここ七、八年、わが家庭でも、旧式な私はその文化的なものと戦い続けてきた。昔なつかしい電灯が蛍光灯に変った。扇風機が買い入れられた。電話がついた。テレビが備わった。どれ一つ私の抵抗なしではなかった。

「でも一番利用なさるのは、あなたじゃありませんか」

何かというと愚妻が私をたしなめる。なるほど電話が一番かかってくるのは私であるし、夕食後テレビの前を一人占めしてプロ野球に見入るのも私である。しかし無ければ無いで済んだのである。バスがついたから乗るのであって、そんなものが無ければ私はテクテク歩くのを嫌わない。

これ以上文化的器具がわが家へ侵入するのを、私は極力防いでいる。私に無断で、子供の部屋に網戸が取りつけられた時には、激怒した。まさに踏み破らんばかりであった。料亭の真似なんぞするな。網戸で防ぐべき何物があるか。夕食の卓に蟬（せみ）やカナブンブンが舞いこんできてこそ、単調から救われる。カナブンブンはおもしろい奴だ。何度闇へ放りなげても戻ってくる。

いくたびもカナブンブンは投げうたれ

俳句の心得のある人に、私はこの自作の句を示したが、誰も感心した顔をしなかった。彼等は網戸の中に住んでいるのだろう。

私の抵抗には幾らか意地が混っているのかもしれない。おかげで私は暑い日も扇風機をかけず、スネの蚊を叩きながら勉強している。しかしこの一線を守り通さねばならない。妻子は眈々（たんたん）として次をねらっている。水洗便所、クーラー、当分その怖れはないが自動車、……

二メートルの廊下にスリッパを穿（は）き、狭い部屋にミレーの晩鐘など懸けておく趣味は、何としても私の性にあわないのである。私の好きな文句に、虚子の「古壺（ここ）新酒」がある。私の家は今ごろ珍しく旧時代なものであるが、中身の新鮮は精神によるものと心得ている。

自然なものが好きであるから、人工的なものには眼をそむける。ビニールの袋入りの佃煮、染めた爪、造花の花環。先日も散歩に出たら、道の両側に、色も香もない人工の大きな花環が、屋根を越す高さで、三、四十も並んでいた。明るい白日のもとに何といういやらしさ！

安直な文明は、わが愛する山をも侵略しつつある。人々は便利になったと喜ぶが、そのため無形の損をしていることを知らない。蔵王山のお釜と呼ばれる山上湖は、以前は長い山道を額に汗して登り、初めて眼前に現れる神秘的な美しい風景であった。今はその近くをバスが走り、リフトによって楽々と湖畔まで達しられる。昔その静寂なお釜を眺めた時の感激は、もう得られない。これを私は大きな損という。

何ごとでも苦労せず獲たものが、心に深く残るはずはない。私の中学生の頃に「ドーラク」と呼ぶ安直な教科書の註解本があった。今の中学生は「アンチョコ」と呼んでいる。辞書を引く手数のいらない便利な虎の巻であるが、実にならない。

今の旅行者は大ていこのアンチョコ式である。どんなに美しい風景も、手易く得られるから身に沁みない。絵葉書とコケシを買って家へ戻る頃には、すっかり忘れてしまっている。

日本の風景の特色は繊細にある。キメの細かい山水に、それをぶち壊す不似合の道路や建物が出来て、人々は文化的になったと称している。近代土木の技術をもってすれば、富士山のてっぺんまでトンネルを掘ることも困難ではない。それによって老人子供も頂上に立てるし、学術研究にも都合がいいだろう。それは一般の耳に受け入れ易い俗説である。一番大事な無形の実を忘れている。俗説ほど危ういものはない。

野性の喪失

上野の東洋美術館を見ての帰り、久しぶりで動物園へ入ってみた。私は動物園が好きで、学生の頃は博物館など見向きもしなかったが、動物園にはたびたび入った。殊にライオン、虎、黒豹の檻の前に立つのが好きだった。房々と毛を垂れた大頭のライオンは百獣の王の威厳をもってドッカと坐り、その鋭い眼で観衆を睨み返していた。だらだら縞の図体の大きい虎は、ゆったりと狭い檻の中を往き来しながら、時々吼えて深く裂けた赤い口をあけてみせた。黒豹はまるで手に負えない腕白小僧のように、一刻もじっとしていず動き廻り、その敏速な身のこなしには快感に近い美しさがあった。

一高時代に私の過した東寮二番室は、寄宿寮のうちでも一番奥まったところで、不忍池の谷を距てて上野の森と向いあっていた。夜半世間の寝静まった頃、上野動物園のライオンの吼えるのがよく聞えた。ウオッ、ウオッ、力のある短かい叫びのようなな響であった。

声だった。声というより響であった。遠く故郷を離れてきた青年の耳には、何か哀切な響であった。

動物園の獅子や虎が放し飼いになったのは、いつ頃からであろうか。それ以来、猛獣たちは私の関心を無くした。見物人から濠(ほり)一つ距てた向うの人工の野原に、数匹のライオンが寝たり起きたりしていた。その態度の、行動の、何というダラシナサ！ 彼等の眼から、かの鋭い光は失せ、仕草には昔の精悍さが無かった。

充足と安易。彼等にはもはや餌食をあさるための不断の注意力も要らなければ、外敵を警戒するための緊張した精神も必要でなかった。すべてが安全で、自らの努力なしに与えられている。

獅子や虎だけではない。鷲や鷹も同様であった。かつては己の欲求から大空を飛翔して獲た餌を飼育人から与えられるようになっては、その嘴(くちばし)も翼も色あせるのは当然であろう。

ある時新聞にこんな記事が出ていた。多摩動物園ではライオンが仔を生まなくなった。そこでアフリカから野生のライオンを仕入れて、性の復活をはかることにしたと。安易と無気力は繁殖力さえ喪失するのであった。

またある時テレビで知ったことだが、九州のある篤志家は自分の食べる米を自分で作る。それには決して農薬を使わない。イモチ病にかかるような稲、そしてその病に打ち勝った稲こそ、実にうまく、かつ栄養に富む米であると。

すべてが過保護されている時代である。ライオンは安全を保証されて惰眠をむさぼり、稲は害虫と戦うことなく実のる。文明が進むと無精卵のような子が製造されるかもしれない。性慾の歓喜なしに生れた子に、精気ハツラツとした野性が宿るであろうか。

長命筋

私の父は八十三、母は八十六で亡くなった。父のきょうだいは還暦を過ぎて八人も生きていた。私の五人のきょうだいも、そろそろその年ごろだが、みんな元気である。私の健康はその筋を引いているらしい。

特別健康に留意したおぼえはないが、ともかく無病息災である。中学五年の夏、腸チフスで一と月あまり寝たほかは、全く病床の思い出はない。医者と薬には今もって殆んど縁がない。新薬の名など何一つ知らない。暴飲暴食のあと胃腸の工合が悪い時、たまに越中富山の熊の胆を飲むくらいである。

山登りが私の唯一の趣味だが、これが私の健康に役立っているかもしれない。一と月に一回は山へ行く。朝から晩まで歩きづめだったり、雨風にたたかれたり、寒い山小屋に泊まったり、私の年ごろとしては相当過激な労働である。そして身体に野性を蓄電して帰ってくる。

生来のんきな性質が、健康に一役買っているのかもしれない。いつか不節制が続いたあと、指の爪の色が紫色をおびたことがあった。妻が心配して、無理に私を近所の医者へ連れて行った。医者は私の内臓のあらゆる部分を検査したが、異常を見出すことができなかった。

その翌日から私は山へ出かけた。三、四日、獣のように山をほっつき歩いて戻ってくると、もう爪の色は艶々と赤味をおびていた。

カンバ・カンバ

ことし〔一九六六年〕は午年で、ザっと目を通した年賀状にも馬に関するものが多かった。その中で一旧友が「俊馬思長坂」と書いてよこした。私はこの一月シルク・ロードの旅につくことになっている。長坂とはその旅のことだろう、俊馬とはオレのことだぞ、とわが山妻に威張った。

私の自慢をすなおに受け取ったことのないカミサンは「あなたが俊馬だって」という顔つきをした。なるほど長い半生を振り返っても「俊」という字のつくような素質は私になかった。俊童、俊才、俊材、みな私には縁遠い言葉であった。しかし私にもウヌボレはある。山妻の顔つきに反発を感じた私は早速一句をものした。

初春や俊馬悍馬の二十年

すると、こんどはカミサンが、おだやかではない。悍馬とは日本ではジャジャ馬と訳されている。それがカンの強い女性の代名詞となったのは、シェークスピアの喜劇からであろうか。少しかわいそうで、妥協して作りかえた。

初春や鈍馬悍馬の二十年

しかし、これでは私の分がわるい。まるで能のない亭主が女房にけしかけられて働いているようである。実情はそうではない。そこで三考して

初春や汗馬悍馬の二十年

とした。幸いに汗馬という言葉は韜晦(とうかい)に都合がいい。紀元前二世紀の末、漢の武帝が張騫(ちょうけん)を大宛(だいえん)の国に遣わしたのは、汗血馬をもたらすためだといわれている。汗血馬すなわち汗馬で、血の汗を流して走る名馬であるが、俊馬ほど露骨ではない。もともと汗馬にも悍馬にもオス、メスの区別はなかっただろう。どちらが名乗っても通用する。それにカンバ・カンバとよむと、句の語呂(ごろ)もわるくはない。

歌の思い出

昨年（一九六九年）の春、たまに余分のお金が入った折、かねて家族から要請のあったステレオをわが家にそなえた。私が最初にそれにかけるつもりのレコードは前からきまっていた。モーツァルトのピアノ協奏曲K五九五である。私は古い親友に会うような気持でそれを聴いた。

戦前私は自分の電蓄のために集めたレコードの中で、一番数の多かったのがモーツァルトであったのは、私の愛読するスタンダールの影響だったかもしれない。彼は「フィガロの結婚」のアリアを聴くためなら十里の道も遠しとしないと言ったが、私は歌劇よりもピアノが好きだった。好みを言うほど造詣（ぞうけい）があったわけでないが、ピアノはちょっとばかり嚙（かじ）ったので、その方が耳に馴れ易かったのだろう。モーツァルトのピアノ・ソナタはほとんど全部揃えた。

しかし一番私を揺すぶったのは、K五九五のピアノ協奏曲だった。流れる悲しみのような甘美な憂愁は、何度聴いても倦きることがなかった。戦争で電蓄もレコードも全部無くしてしまい、私はモーツァルトから遠ざかった。そして二十数年ぶりでのめぐりあいである。私は時たま音楽会へ行っても、途中で必ず欠伸（あくび）の出るほど音楽に鈍感であるのに、K五九五はおしまいになるのが早すぎるように思われるのは、聴き馴れているせいだろう。よく家族に冗談に言う、私のお通夜の時にはこの曲を鳴らしてくれよ。

その次に買ったレコードは、ベートーヴェンのピアノ協奏曲第五番。これも前からの予定であった。あの華麗な出だしのところが、私には大きな魅力だったのである。音楽は思い出につながるが、太平洋戦争の始まった翌年だから昭和十七年、その秋私は四国へ旅行した。石鎚（いしづち）山を眺めようと思って松山城の天守閣に上ったが、山は雲に隠されていた。失望して下の公園へおりると、突然ひびいてきたのがその協奏曲であった。なぜか私はひどく感動した。この曲をレコードで聴く時には、いつも私はヴォリュームをあげる。一種の生理的快感を私は感じる。

三番目はシューベルトの「冬の旅」。そのなかの一曲「溢れる涙」のためと言っていいだろう。戦前から私の愛好した歌で、その頃は原詞のドイツ語でそれをうたうことができた。よく冬枯れの山を一人で歩きながら、調子はずれな大声でうたった。すると私は六年も恋しながら遂に報われなかった男の気持がわかるようであった。二十数年経て再び聴く「溢れる涙」は、やはり私の心に沁みた。

そのようにして、私は昔なつかしいレコードを、次々と買い求めていくことにしている。うちの息子はビートルズなど聴いているが、年傾いた私はもっぱら昔の思い出をたどっているようである。戦前は毎月新響の演奏会に行き、有名な外国の音楽家が来ると聴きに行った。ワインガルトナーがベートーヴェンの第八とシュトラウスの青きドナウを指揮したのは昭和十二年だったと記憶するが、その時の巨匠の指揮ぶりがまだ眼の中にある。

新響の月々の定期演奏もたのしかった。ジュピターを聴いたのは愛人と一緒であった。フィガロもミサもそこで聴いた。戦争中新響が日響となり、国民服を着て演奏するようになった頃には、もう世の中も押しつまっていた。

戦争で私は狩り出され、中国湖南省の山の中を、五十人ほどの兵隊の長としてあちこち歩いた。音楽どころか、後方からの補給が絶えて、被服や食糧にも事欠いたくらいであった。戦争が終っても私たちは俘虜として、なお一年残らねばならなかった。道路普請や耕作に使役された。半ば壊れた家屋に寝起きしていたが、夜になっても灯りがない。くらがりで兵隊たちは歌をうたった。それ以外時の過しようがなかった。

今でも私は戦前の歌謡曲なら大てい知っているのは、その時兵隊たちから教わったものである。

長い旅行には、その思い出となる歌を記憶に残すのが、私の流儀である。十数年前小さな隊を組んでヒマラヤへ出かけた時には、私たちはしきりにフランス語の歌をうたった。それを訳すと次のようになる。

聞くものは　風ばかり
見るものは　空ばかり
さよなら　さよなら
私は風を求めて行く

その曲はオルゴールに入れて今も手許にあるが、それを鳴らす毎に、凄い割れ目を持った眼前の高い氷壁と、その背後の、黒ずんでみえるほど深い青色の空と、氷河の上に張った私たちの小さなテントまでが、眼に浮んでくるようである。

三年前シルク・ロードの旅に出た時は、私たち三人が自動車で、砂漠を渡り、雪の峠を越え、オアシスを次から次へとたどった。楽しみは、N君が紅白歌合戦を録音したテープを持ってきていたので、暇があればそれを聴くことであった。今までその歌合戦なるものを私は聴いたことがなかったが、辺地の貧しい宿の食後のつれづれには、どの歌もなつかしい調子を持っていた。

N君は「われらのコーちゃん」と呼ぶ歌手のたそがれの歌が好きであった。S君は、リフレーンに「世の中まちがっとーる」という文句のついた歌を喜んだ。そして私は――私は倍賞千恵子の「ダンスのあとにしてね」というのが好きになって、何度もテープをかけ直してはその歌をおぼえようとつとめた。節廻しが簡単なようでむずかしい。ようやく曲りなりにも歌えるようになったが、戦後の歌謡曲で完全におぼえたのは、この「ダンスのあとにしてねー」だけである。

この頃テレビの娯楽番組では歌謡曲全盛のようである。私はほとんどそれに視聴を与えないのは、別に高尚ぶるわけではなく、興味が持てないからである。たまに家族と一緒に楽しもうとするが、中途で倦いてくる。もう少しましな歌がないかと思う。せつないだのいとしいだの、若い男が溜息のような声でうたっているのを見ると、私はゲバ棒の青年に味方したくなる。悪貨は良貨を駆逐するという法則は、悪歌良歌にも通用するのではないかと、この頃の歌謡曲をたまに聴いただけでも感じるのである。

この頃山へ行く時、私の持物の中に「日本唱歌集」一冊がある。明治時代の素朴で健康な歌が私は大好きなのである。「勇敢なる水兵」や「水師営(すいしえい)の会見」など、私は宙で全部うたえる。酔って心が弱くなっている時そういう歌をうたっていると、私の眼に涙が浮んでくることがある。何という心のあたたまる歌詞であろう。

VI 登山の周辺

登山家という言葉

ある小誌に、私のことを紹介して、その職業に「作家、登山家」と書いてあったが、日本にはまだ「登山家」という職業は存在しない。

私が山の文章を書く時、いつもちょっと抵抗を感じるのが、この「登山家」という、やや大げさな言葉である。「家」というほどのものでもないじゃないか。

といって、それに代る他の適当な言葉も見当らない。「山好き」という語でまぎらすこともあるが、それでは十分に意を尽さないこともある。

「登山者」という言葉はよく使われるが、その「登山者」が「登山家」へ昇格するのは、何を標準とするか、そこのところが工合が悪い。

西洋にはマウンテニーアという語がある。われわれは外国語の語感には鈍いから、これを素直に受取っている。それを翻訳したような「岳人」という言葉がある。

「岳人」も初めのうちは何となくナマな感じで、使用するのに躊躇していたが、だんだん慣れるに従って、一般にも通用してきた。「登山家」というキザな言葉より、この方がいいかもしれない。だがまだ抵抗のない熟した言葉とは言えない。

西洋のマウンテニーアは、ただ山へ登る人だけでなく、山の本を愛読したり、山について考えたりする、広範囲の人々を指す。つまり「山好き」である。

それに対して登山の実践に重きをおくときには、クライマーと呼ぶ言葉がある。日本ではクライマーは岩登りする人だけを指すようだが、そう狭く限定しなくてもいいだろう。これに相当するいい日本語もない。「登攀者」では堅すぎる。

マウンテニーアとクライマー。「彼は勇敢なクライマーであるが、優秀なマウンテニーアとはいいがたい」という風に、向うでは使いわけている。とにかく「登山家」という言葉は、私はご免こうむりたいものだ。落語家、拳闘家、何でも「家」さえつければいい、というわけあいでもあるまい。

教師、騎手、大工、といったようないい言葉がないものか。近頃「山屋」という呼び方がはやっているようだが、あれは「登山家」というしかつめらしさに対する一種の反抗だろう。

老登山家

所用あって田部重治氏を阿佐ヶ谷のお宅に訪ねた。約一年ぶりにお目にかかった田部さんは大へんお元気で、二時間あまりの対談はほとんど私が聞き役であった。ことし八十歳になられたという。

こんなに長生きしたのは君、山登りのおかげだよ。子供の時は病弱で小学校へ入るまでに二度も医者にみはなされたという私がね。こんど「わが山旅五十年」という本を出すので、今日その校正を終わったところです。

田部さんは日本山岳会の現存の長命者を挙げられた。高野鷹蔵さん、近藤茂吉さんは、もっと高齢、同じ年ごろでは、武田久吉君、冠松次郎君、中村清太郎君、山川黙君、すぐあとから辻村太郎君や鳥山悌成君が追いついてくる。こうなると君、日本山岳会もイギリスのアルパイン・クラブなみだね。

イギリスの山岳会では、会合があると、八十歳以上がウヨウヨ集まって、五十、六十は幼稚園なみだという話を、私も前から聞いていた。趣味の団体でこんなに高齢者が多いのは、登山家の集まりだけかもしれない。

先日外国のある山岳誌を見ていたら、イタリアの老登山家夫妻の写真が出ていた。その説明によるとアンデスの五〇七〇メートル峰の頂上で撮ったもので、夫妻の年齢を合計すると百三十二歳。この年でそろって五千メートル以上に登ったのはレコードである、と書いてある。日本にもおいおいそんな例が出てくるかもしれない。日本山岳会の初期会員がようやく八十の坂を越えてきた。会の年齢はことし五十九歳である。

武田久吉さんにはときどきお会いする。目も、耳も、足も、壮年なみである。口にいたっては、ますますシンラツさを増してきたかに思われる。今でも山の話になると、声に熱をおびて、その天才的記憶力をもって、私たち若輩をドウジャクたらしめる。

冠松次郎さんは去年の暮れ、お目にかかった時、八十になると弱りますねと言われたが、なかなかどうして、弱り方の標準がちがう。そのお年で黒部を歩いてテントで寝られたというのだから。むかし人跡のなかったころの黒部を回顧し、現在ダムに去勢されてヨタヨタ流れている黒部を悲しむ冠さんの声には、はげしい気迫がこもっていた。

普通老人が集まると、話は大ていガンか脳出血になるが、老登山家たちにお会いすると、話はいつも山になり、こちらがまだまだ若いことを知らされて、楽しくなってくる。

加えて百二十三歳の登山

私がよき夫・よき父でない証拠には、私の家には家族ダンラン的な雰囲気がない。家族にはそれがあるかもしれないが、私はそういう生あったかい空気を忌避している。その私が家族（妻と二人の息子）を引き具して山へ行くのは、なぜ親父がそんなに山に熱をあげるか、それを知らせてやりたいためである。つまり登山やスキーの楽しさが、他のいかなる楽しさよりもいかに大きいかを、体験させてやりたいためであった。

もちろんそのウラもあった。ゆくゆくは子供たちをポーター代りに使用して、老年の私の山行きを安楽にしようという下ごころ、妻の方は、切符を買ったり宿賃を払ったりする時に便利なためであった。

ところが息子たちの方は、中学生の頃までは一緒についてきたが、それ以上になると、彼等は彼等の友人同志で行く方が、山へ行ってもちっとも親切でない親父と一緒よりも、ずっとおもしろく楽しいらしい。数年前一家でテントを担いで飯豊山脈を縦走したのが最後であった。

妻の方はそんな仲間がいないから、私の山行きの何べんに一ぺんかはついてくる。私たちと同行したある人は、彼女の方が私より強いと言うが、そんなことのあろうはずはない。ただ痩せていて身が軽いので、登りになると私より幾らか速いだけである。

イタリアのある学者兼登山家がその妻と共に、アンデス五千米で撮った写真があった。夫婦の年齢合計して百三十二歳としてあった。私たちの合計は百二十三歳、それが三千米の頂上では、比べ物にならないが、まだ幅広い将来がある。幸い二人ともガンの気配もなく、前立腺肥大（女の方は何だろう）の心配もない。よく喧嘩する夫婦であるが、山へ行って新鮮な空気を吸うことには一致している。

三角点

フランス展〈国立西洋美術館の「ルーヴルを中心とするフランス美術展」〉もつい見逃した。

人間も旧式になったのか、近年は展覧会や劇場へ殆んど足を運んだことがない。

昨年ただ一回だけ映画館へ行って見たのが「用心棒」。大へん面白かったので、同じ顔ぶれの「椿三十郎」を、先夜近くの三等映画館へ見に行った。

最初の場面で、ヨタカの啼き声がしきりに聞える。

私は急に山が恋しくなった。

興行物へは遠のいているが、山へはよく行く。

昨年踏んだ三角点を数えてみたら、二十ほどあった。

少年時代から今まででは三百は越えているだろう。頂上をあさることだけが、登山の目的ではない。ピーク・ハンターという言葉には、幾らか軽蔑の意がふくまれている。

イギリスのある謙遜な登山家は、いつも頂上の近くまで登って引返した。初登頂という記録で騒がれるのが嫌だったからである。

私の若い友人の木村のカッちゃんも同じ精神を持っていた。よく一緒に山へ行ったが、頭上の三十メートル程下で座りこんで私が三角点を踏んでくるのを待っていたものだ。

カッちゃんは郷里の白山や立山へ数十回は登ったろう。最初一度だけ誤って頂上に立ったことを残念がっている。

十年一日のスタイル

スキーに行っても、もう私のような年頃の者は滅多に見当らぬ。スキーを始めて三十年以上になるが、一向に上達しない。今更気取ってみたところで始まるまい。私はいつもこんな格好で出かける。

洋服は終戦翌年外地から復員の時着て帰った将校服である。カーキ色では時勢にそぐわないとワイフが紺に染めてくれたが、ある三月スキーで山へ行って、雨でビショ濡れになった時、シャツから肌まで紺の色がついた。

スキーはこれも終戦翌年越後湯沢で買った安物で、締具はフィット・フェルトである。こんな旧式なビンディングをつけている者は、今ころどこのスキー場を探してもおるまい。

これが私の十年一日の如きスキーのいでたちである。スキー場では誰もおらぬ離れた所へ行って、一人で勝手に滑っている。

パラレル

新年、冬山へは行ったが、スキーにはまだ出かけない。スキー場の雑踏ぶりが伝えられるにつけ、行くのがおっくうになる。少し下火になってからと、ひかえている。

もっとも、私のスキーは山登りに結びつけているから、スキー場の雑踏にはあまり拘わりがない。

スキー場にキッパリ見限りをつけたのは、一昨年〈一九六〇年〉の冬である。高校生の息子と一緒に出かけた。

近年、パラレルと呼ぶ回転がスキー場では大流行である。年甲斐もなく、その新技術を獲得しようと躍起になっていると、そばで息子が、

「オヤジ、スキーのうしろが開いてるぞ」とどなる。

「開いてるもんか。パラレルだよ」とやり返すが、よそ目には歴然としているらしい。

それ以来パラレルは断念して、もっぱら多年慣れた山スキー術に返った。

私はいまだに単板イタヤの安物スキーをはいている。先端にイボがついてそりが大きく、縁は風呂場の板のようにササクレだっている。

昨年秋の早稲田祭に「山の会」の人が展示したいから貸してくれといって来た。

当今、こんな旧式スキーは見当たらなくなったらしい。

リュックザック

中野重治君、私に告げていわく、

「このごろ若い衆がKnap sackと書いた袋をしょって歩いているけれど、あれに文字を書くのは気が知れない。リュックザックにRuck Sackと染めぬいたのを見ず、信玄袋に信玄袋と書いたのを見ない」

ごもっとも。いまに新し物好きの若い衆は、capと書いた帽子をかぶり、ズボンと染めたズボンをはくようになるかもしれない。

運動具屋は少しでも目新しい物を売り出そうとし、お客は喜んでそれに飛びつく。このごろ混雑する山へ行ってみたまえ。なんとみんな同じような服装をしていることか。

個性がない。昔、まだ登山者の数が少なかったころは、山行の仲間が四、五人集まると、みな違った服装をしていた。親父の古背広を改造したり、独自のチョッキを考案したり、十人十色、それぞれの独創があった。しかも実用的な服装のなかにも、おちついた品と趣味とを忘れなかった。一種のダンディズムがあった。

同じダンディズムでもこのごろはまったく類が違う。これ見よがしな新し物好きである。ケバケバして、目立たなければ気がすまない。実用よりも体裁の方が大事なのである。役に立たない物でも、登山家らしく見えるなら、喜んで身につける。

リュックザックといえば、近ごろむやみに大きな横長のやつが流行している。山腹の細い道をトラバースする時には、さぞ不便で、危険でさえあろうと思われるが、流行におくれまいとすれば、採用せざるを得ないかにみえる。

そのリュックに大きな字で、何々大学山岳部、または何々山岳会などと書いてある。まったく恥ずかしげもなく、といいたくなる。いまに背番号をつけるようになるかもしれぬ。

その山岳部員がみなそろいの服装をしている。近ごろは男も赤い物が好きで、赤いシャツがはやる。そろいの赤シャツの一隊が並んで歩いているのを見ると、私は労役に出かける囚人の列を連想する。センスのないことおびただしい。

山行の服装は、地味で奥ゆかしく、個性的でしかも目立たないものが、私には望ましい。先日の新聞に、北アルプスでピッケルを横差しにしている登山者が多いため、ケガ人が続出すると出ていた。夏の登山にピッケルなど無用の長物である。外国のある登山家はいった。「山から出たら、すべての登山道具はリュックの底深くしまいこむこと」と。

その反対が、都会から出発の時に、もう見られる。

夏山の遭難

三十一日〔一九五二年七月〕の新聞を見ると、あちこちの山での遭難事件が報告されている。ここ二三日天候の激変で風雨が続いたからであろう。その中には白山もまじっている。それが大きく扱われているのは、地元の山だからであろう。

大たい白山はおだやかな山で、普通の登りかたをすれば、滅多に遭難などの起らない山である。毎年の夏、概算四千人ほどの登山者があるそうだが、十数年来一命を失ったという遭難の例は、いままでにただ一人しか聞いていない。それもほんのかりそめの油断からであった。危険率からいえば、交通事故とさしたる変りはない。諸君、安んじて可なり。

一たい山岳遭難の九分九厘までは、不注意と準備不足によるもので、絶対不可避と思わるる遭難は高級なアルピニズムの中にごく少数見出されるのみである。

登山の初歩的な注意は、どんな山岳案内書にも書いてある。何も特別なことはない。

要するに、相応の防寒具と食糧と、それから山を見くびらないことである。統計によると、山岳遭難の大半は疲労コンパイの極、死にいたるものだが、その多くは周到な準備と慎重な態度で防げるものである。

今度の白山遭難事件など、新聞記事で察すると、無謀というよりほかない。レインコートにくつばきでボストンバックというのは、名所旧跡めぐりの服装である。しかも不時に備える防寒具も食糧も持っていなかったとは、あまりにも山を無視している。この遭難は決して登山路がしゅんけん〔峻嶮〕だったせいではない。全く態度が軽率すぎたせいである。

とかく若い元気な者は、無益な冒険に走りやすい。「大したことァ無え、やるべえ、やるべえ」などと威勢のいいことをいう者が勇者に見えて、慎重に二の足を踏む者はおく病者に思われる。これは私の出征中にもよく経験したことである。しかし無益な冒険とわかったら、おく病者の名を甘受しても引きさがるのが真の勇気であろう。いざとなるとそういう勇気こそ真価を発揮する。登山においても同様である。みすみす目標を前にしながら、それに背を向けるだけの勇気を持たなければならない。

改悪名

先日白馬の北の朝日岳へ登ったが、その麓の蓮華温泉まで歩いて行く途中、地図にヤホ平というのがある。ヤホとは何だろうと思いながらそこへ着いてみると、それは「ヤッホー」のことであった。谷を隔てて温泉が見える。そこで「ヤッホー」と呼びかわすところからきたのだろうか。

こんな俗称はほかにもある。ネジリ鉢巻で登るからハチマキ峠、一服する水場だから一服清水など。しかしそれはあくまで俗称であって、いやしくも国土地理院の地図に記載すべきものではないだろう。

もちろん多くの地名は俗称から始まるが、しかしその俗称が年月を経て動かしがたいものになってから、採用すべきであろう。近ごろちょっとした思いつきでだれかが付けたような名を、すぐ地図に刷りこむのは軽率のように思われる。

というのも、このごろ山へ行くと、あまりに勝手な名が方々にハンランしているからである。朝日岳から越中側へ下る道に夕日ヶ原というのがあった。もちろん近ごろの名である。夕日ヶ原、なんとキザッポイ名前であることよ。

そういえば近年むやみにそういう新地名がふえてきた。いわく白樺湖、いわく朝霧高原、いわく鐘の鳴る丘。みんな少女雑誌の口絵向きである。そしてそれが今ではみんな通り名になった。嘆かわしい。山の名はもっと素朴で、もっと単純なのが普通であった。

阿蘇の外輪山に遠見ヶ鼻というながめのいい丘があった。今は大観峰という名になっている。大改悪である。大観峰は徳富蘇峰の命名だそうだが、地方の山へ行くと、県知事だの、土地出身の名士だのが、思いつきでつけた地名が多い。なぜ昔からの名をもっと尊重しないのか。

観光客を引くために、歴史のある元の名をすてて宣伝効果のあるものに変えてゆく。沓掛(くつかけ)が中軽井沢になった。高湯が蔵王温泉になった。生保内(おぼない)が田沢湖町になった。関・赤倉が妙高高原町になった。三日市が黒部駅になった。あまりに露骨すぎる。

もっとも大東京だって、旧区統合のとき、文京区というキザな名ができたり、大森と蒲田を合わせて大田区という味も素っ気もない名を作ったりしたのだから、地名に対してセンスのないことは、中央も地方も同様である。ただ便利主義のために、由緒のある古い地名が消えてゆくことを、私はたいへん残念に思う。

山の書物

山の本にもいろいろある。リュックのポケットに入るようなガイド・ブックから、手に持って読むには疲れるような大きい本まである。夏の登山期を前にして本屋の店頭に並ぶのは、主として小型の案内書や指導書の類であって、登山者の要求するのも、そういう実用的な本である。登山の費用に十円でも多く算段したい時に、不急不要の山の本を買う余裕のある人は、そうたくさんはいないだろう。

しかし本当に山の本として値打のあるのは、その不急不要の本である。ガイド・ブックの類は一種の消耗品であって、用が済めば捨てても惜しくはないが、不急不要の本には永く古典として残るものが少なくない。

山の本といえば、夏の登山期前に出すのが販売上有利とされているそうだが、それは実用的な本であって、重味のある立派な本が、登山者の経済計画が山行に重点のおかれている時期に出版されるのは、あまり賢明ではあるまいと私は愚考する。

もし私が出版主であったなら、夏の登山期が終って人々がなつかしく山行を振り返る時、あるいは秋の夜長のつれづれに山恋いの情の頻りに湧いている頃を見計って、将来古典を約束される不急不要の重厚な書物を出すだろう。

山の好きな人は山の本を愛する。山登りの実践だけでなく、山の本を読むことで山を楽しむ人も少なくない。登山はスポーツと言われるが、スポーツにこれほど多くの古典を存しているのは登山以外にはない。

小島烏水の「日本アルプス」四巻は、古本で二万円以上もする。それでもなかなか手に入らない。大島亮吉氏の「先蹤者」は八千円もするそうである。その他、山の古典と見られるものは、みな値が高い。それでもそういう本を得ようとして、自分の経済ペースを乱しても厭わない人の多いことは、登山が単なるスポーツでないことの証明である。

世には「書斎の岳人」と称する人さえある。私の友人のS君もその尤なるもので、ある時一週間の山へ出かけようとして、用意を整え、ルックザックを担いで駅まで行ったが、ちょっとの暇に駅前の古本屋を覗くと、かねてから欲しかった山の本が見つかった。それは山行の全費用に相当する高価な本であった。S君は躊躇なく登山をやめてその本を買い、家へ帰ってそれから一週間それに読み耽った。

山の書物を尊重するのは、日本だけではない、外国でも同様である。各国にはそれぞれその国を代表する山岳会があるが、どこの山岳会でも多数の蔵書を持つことを誇りとしている。いったい山の本はどのくらいあるものだろう。スイス山岳会では創立以来一九五一年までの蔵書目録を出しているが、それによると約九千冊が挙げられている。その後の十数年間に優に一万冊は越えているだろう。

外国にはまた山の本を専門にした古書店があって、そのカタログはわれわれの所へまで送られてくる。そのカタログを鵜の目鷹の目で熟読する日本人も少なくないのである。なけなしの金を払って注文しても、申しこんだ本の半数も来ないこともある。世界中に山の本の好きな人がいて、先を取ってしまうのである。

私の持っているヒマラヤの本の大半は、外国の古書店のカタログで蒐めた。だいたい本屋の店先で本を手にとって、その定価と体裁を見比べるようでは、本は買えない。カタログによる注文は、実物を見ないから、その本の価値を信じるほかない。本の大きさとか厚さとか装幀とか、それが定価に値するかどうか思案するようでは、本当に山の本が好きとは言えない。

日本にも、山の本を専門にする出版社や、山の古書を特別に取扱う古本屋や、山の本を愛する人々の会まで出来てきた。夏になると本屋の店頭にドッと山の新刊書が溢れる。しかもそれが相当売れ行きがいいという。

山好きの人の部屋に、ただピッケルやザイルだけが幅を利かしているのでは、ただの「山屋」にすぎない。登山行為を豊かにする精神的何物か——それを含んでいる書物が並んでいてこそ、私はその人の山登りを信用する。本当のマウンテニーアとは、手足を使って山を攀じ登るだけではなく、山の本を読み、山について考える人であらねばならない。——これはイギリスの登山家ウィンスロープ・ヤングの有名な言葉であるが、わが国にもそういう本当のマウンテニーアが次第にふえてきたのは嬉しいことである。

山と文学

一時山岳文学という題目が盛んに云い囃(はや)されたことがあった。主に山岳ジャアナリズム(どんな分野にもジャアナリズムというものはある)の間であったが、僕などはその適任者の一人と見做(みな)されたものである。僕は本業としては文学をやり、趣味として山登りが好きで、一頃はこの趣味の方が僕の生活に於て本業の方を圧倒するほどの勢力を持っていたこともあるのだから、人が僕に期待するに山岳文学のヴェテランを以てするのも、無理なかったかもしれぬ。

ところが事実は、僕は山岳文学と称せられるようなものを殆んど書いていないのである。山の紀行や随筆はかなり書いたのだが、これは多分に僕の趣味的な執筆であって、文学の名に値するや否や疑問である。今後と雖(いえど)も僕は、特に山岳文学と銘打ったものを書く気は今のところ毛頭ない。大体、何々文学というものが僕は嫌いである。山と文学とを並べて考えてみることもあまりない。文学に精出す時には文学のことしか念頭におかないし、山へ行く時には文学を忘れようとしている。

しかるに人々は僕に於て山と文学とを結びつけようとする。勿論我々は一身の中に二つの個性を持つわけには行かないのだから、僕の意識の深い底では山と文学とは堅い握手をしているのかもしれない。しかしそれは形の上にではなく、情操の上にである。即ち、僕が山へ行く時には文学を忘却して（或は忘却しようとして）いるが、その間に無意識に心に吸収したものが、文学に従事する時何かの形で肥料になっているかもしれない。

しかし文学（のうちでも僕は小説に従事しているのだから、ここでは小説を指す）の材料としては、前にも述べたように、僕の作品はごく少量しか山を取り入れていない。菊池寛が、競馬のことをよく知っていると競馬の小説は書けない、と云っていたが、僕が山のことをあまり書かぬのも、そういうところがあるのかもしれない。

山を舞台にした小説を書いて下さい、という依頼を僕は幾度受けたかしれない、が書く気になれなかった。大体小説というものは人間の生活を叙すものだが、山にはその生活がない。尤も登山者とか案内人とか、山小屋とか、僅かの限られた生活はあるが、平地の人間生活の波瀾と複雑に比べれば云うに足りない。

僕を山へ惹きつける魅力は色々あるが、この人間生活の乏しさ、つまり山へ行けば社会を離れて勝手に呼吸し完全に孤独になれるということが、原因の一つだと思っている。だから僕が山へ行く時には、出来るだけ人の居らない時と所を選択する。僕が人間生活を忘れようとして山へ行くのに、そこを舞台にして小説なぞ書く気が出ないのは当り前ではないか。

昔から海洋文学という言葉があり、ジョセフ・コンラッドやピエル・ロチや、わが葉山嘉樹などが勝れた作品を残している。山にはそういう代表的な作品はないようである。と云うのも、海洋の生活の方が山の生活よりもずっと人間臭を帯びているからだ。

だから人里離れた山の生活を小説にするには（山窩(さんか)小説などというデタラメなものは別として）いきおい幻想的なロマンチックなものか、或は不慣れな環境からくる異常心理を取扱うようになる。

泉鏡花の「高野聖(こうやひじり)」、幸田露伴の「対髑髏(たいどくろ)」等は、深山を舞台にした名作だが、いずれも現世離れのしたロマンチックなものである。モオパスサンに「山小屋」という短篇がある。これは高山の山小屋にたった一人残された青年の偏執観念をリアリスティックに描いたものだが、ごく局限された、しかし又特殊な環境を持った山の生活では、こういう異常心理こそ最も小説の好題材たり得るのではなかろうか。それを取扱ってこそ、この極めて狭い人生の一部に、他では望めぬ人間の一真理を捕えることが出来よう。登山の極度の疲労からくる幻想や幻覚、或は自然の威圧より生じる錯乱的心理、それらによって引き起される諸事件は、すぐれた作家の手を俟(ま)って立派な文学作品になり得ると思う。——但し僕は書く気がない。

僕の指すのは山を中心とした題材の小説であって、単に山を点景的に使用している小説なら随分たくさんあることであろう。しかしそれらは山麓の生活の描写が主で、山はその書割の一部に過ぎない。或は又、ある小説や劇の一挿話乃至(ないし)一場面として、山の生活が出てくることもある。しかし「山と文学」の対象として取上げるには、それらはあまりに果無(はかな)すぎる。山を背景とした作品ですぐ思い出すのは、シルレルの「ウィルヘルム・テル」だ。この有名な戯曲はスイスの独立を題材としたもので、アルプスの国を舞台としているだけに、氷雪に覆われた高山の風貌が屢々現われてくる。ゲエテの「ファウスト」の中にも、アルプスの景観を歌った個所がある。さすがドイツ二大詩人だけあって、澎湃(ほうはい)とした高山の気分を感じさせる描写である。

ビョルンソンの作品には、よくスカンジナビヤの山岳が出てくる。「アルネ」などその代表であろう。愛のない父母の間に生れたアルネを主人公として、その生い立ちを中心に、北欧の美しい自然と、素朴な山の人々の心と心の葛藤(かっとう)を描いたもので、山の気分が伴奏のように全篇に流れている。
わが国では坪内逍遥の戯曲「役の行者」などが、まあ一番山に縁のある作品と云えようか。これは山上ヶ岳あたりが舞台で、主人公の役の小角というのは、わが国の有名な山々を渡り歩いた伝説的人物だから、人物舞台共に大いに山に関係があるわけだ。しかし今から千二百年も前のことで、しかも象徴的な芝居だから、現実的な山の感じには乏しい。

小説や劇は案外少ないが、山を詠じた詩歌になると、これは非常に多い。西洋の詩歌の知識に乏しい僕が、その例をあげるのは烏滸がましいが、例えば、"The Alps as seen by the poets" という本があって、それにはアルプスを地方別にして、有名な詩が並べられている。もし僕が或る大学の先生のようにペダントリイを誇るつもりなら、そういう便利な本のことは隠しておいて、ワーズワースにはユングフラウやシャモニイ渓谷を讃美した詩があり、コールリッジにはモンブランを崇拝した長詩がある、などと吹聴するところである。

西洋で高山峻岳に遊ぶことが流行したのは十八世紀の終り頃からであって、それまでは山岳は、反文化的な土地、危険性のある自然として、人々に怖れられ、遠ざけられ、従って芸術上の対象にはならなかった。自然への愛を唱えだしたルソーなどが先蹤となって、それから次第にアルプスへの思慕が始ったのだそうである。だから西洋で山岳を詠じた詩歌は多く十九世紀以後に出た。

しかるにわが国では、万葉の昔から山に対して崇敬を感じ親和を表わしていることは、山部赤人の富士山の歌その他で諸君も御承知のことであろう。万葉集には山に関する歌は約二百足らずある。かようにわが国民が古くから山と融和していたのは、国民性が理性人としてよりもむしろ自然人としてすぐれていたこと、又わが国の山が多くは火山であるため、その形態が人を拒否し威圧するような厳めしさでなく、優美で階調的で人に親しまれるような姿勢を持っていたこと、又わが国の地勢がおのずからその生活に山を関連せしめたこと、山岳宗教の影響があったこと、等がその原因としてあげられるであろう。山を崇め山に親しむ情は、西洋より遥か先からわが国に存在したのであった。

それ故、古来わが国の大詩人で、山を歌わなかった者は一人もない。西行も詠じ、芭蕉も吟じた。降って明治以後の、殊に写生を重んじた有名な歌人俳人が幾多のすぐれた作を残して行ったことは、多くの人の承知しているところである。

このほかに文学として取扱っていいものが未だある。それは山岳評論とも云うべきもので、主に山岳風景に就いて論じた文章である。その代表的なものとして、ラスキンの「近代画家論」が挙げられる。これは題は画家論であるが、山岳美論のために殆んど全巻が費されているそうである。エブリマンス・ライブラリイの五冊本を僕は持っていて、時々その挿絵（特に第四巻）を覗く位でまだ通読したことはないのだが、この名著のために世界の山岳観が一変したと云われているそうである。

それに相当するものは、わが国では志賀重昂の「日本風景論」であろう。これも従来の日本の山岳観を開眼（かいげん）させた画期的な名著で、わが国の近代登山（と称するのは、何等の実際的な目的がなく、所謂無償の行為としての登山）の先駆をなした人々は、殆んど例外なくこの書物の影響を受けたのであった。

Ⅶ　未知なる土地へ

ヒマラヤ熱

今年〔一九五五年〕の春、イギリスの登山隊が初めてカンチェンジュンガの頂上に達した時、東京のある有力新聞がそのニュースとともにカンチェンジュンガの写真を載せた。ところが遺憾ながらその写真は間違っていた。それはカンチェンジュンガではなく、その東方にあるシニオルチューという山であった。一と目見てその誤りがわかるほど、私のヒマラヤの知識も充実してきたようである。

大戦後、世界の登山界のヒマラヤ熱の復活はみごとなものである。毎年各国から大ヒマラヤに向って遠征隊が派遣される。最初に八千メートル以上の峰を落したのは、フランス隊のアンナプルナ登頂であったが、それに引続き、数年のうちにエヴェレスト、K2、カンチェンジュンガ、ナンガパルバットなど、戦前幾度も失敗した高峰が、バタバタと登られてしまった。

イギリス、ドイツ、アメリカなどが、戦前ヒマラヤでおもに活躍した国だが、戦後はスイス、フランス、イタリア、オーストリア、ノルウェー、ニュージーランド、アルゼンチンなど、各国がヒマラヤに登山隊を送り、それぞれ成果をあげている。

ロシアなども登山が盛んとみえて、ジイドの「ソヴィエト紀行」の中にも、楽しそうに登山におもむく青年の一団と、彼が同車した時の描写があったが、戦後も国家的に登山隊を組織して、パミールや天山山脈に出かけている。

ロシア領土内の最高峰は一九三三年に登頂されスターリン峰(七四九五メートル)と名づけられた。第二位はその翌年登られたが、これにはレーニン峰(七一二七メートル)という名がつけられた。大戦後、初登頂された六七〇〇メートルの山はカール・マルクス峰、その東方にはエンゲルス峰もある。その他、マルクス・エンゲレス山脈だの、モロトフ氷河だの、いかにもロシアらしい命名がその国情をあらわしていておもしろい。

これら各国のヒマラヤ登山隊は遠征から帰ってくるとほとんど必ずその報告を出す。大抵写真のたくさん入った豪華な本である。私のヒマラヤ熱も年々高じてきて、それらの本を買い集め、乏しい私の書架に、ヒマラヤ関係の本だけですでに百冊を越えるに至った。

近ごろは単に登山記録だけではなしに、ヒマラヤ登山の歴史や研究や、シェルパ

（高地人夫）の伝記まで出るようになった。割合高価なそういう本が外国で続々出版されるところをみると全世界にヒマラヤ患者が相当いるとみえる。

私は初め日本の山に熱中し、それから欧州のアルプスに移った。まだ一度もいってみたこともないアルプスの本を次々と読んで、大たいアルプスの景観や地理は頭に収めることができた。その次がヒマラヤである。この世界の広大な屋根はなかなか簡単にはいかない。読めば読むほどわが知識の浅さを思い知るばかりである。

しかしヒマラヤの本を読むことは楽しい。シナの奥地から、新疆（しんきょう）省、チベット、ネパールにかけての未開の大陸は、私に無限の空想を呼びおこす。この原始的な中央アジアを横断する大空想旅行記を書こうというのが、私のかねてからの念願でもある。

ヒマラヤの本

私の持っている本の大半は、ヒマラヤに関するものである。山が好きだから山の本も好きで、以前は日本の山の本もたくさん持っていた。もう二十年近く前になるが「富士山」という本を編集した時には、二百冊ほど富士山に関する良書愚書を集めた。どんな愚かな人にもどこか取柄があるように、どんな愚書も何か間にあうことがある。それらの多くの本を、私は田舎の疎開地を去る時、以後蔵書など持つまいと決めた。心の糧（かて）になる本は、小書架一つあれば十分と思ったのである。

ところがその後ヒマラヤの本がだんだん溜りだした。ヒマラヤの本は戦前からも持っており、それだけは譲らずに手許においておいたが、終戦後、各国のヒマラヤ遠征が盛んになるにつれ、その報告が次々と出ると、買わずにはおれなくなり、それがまた蒐集癖にまで高じてしまった。行きずりの古本屋へ入っても、まず第一にヒマラヤの本を探す。滅多に無い。イギリスの山の古本屋からカタログを取る。これはひどく高い。私の乏しい家計の五分の一はこのために消費される。

山の本を読んでいると山へ行きたくなるのは当然で、私もヒマラヤの本を読んでいるうちに、以前からあったヒマラヤ熱がますます高まってきて、もう何を措いても一ぺんはヒマラヤの地を踏まずにはおられなくなった。私はいまその準備に奔走している。私の熱意は固いが、事情がそれを許してくれるかどうか。

机上ヒマラヤニスト

〈山日記〉〈日本山岳会が発行していた日記帳〉は日記欄と記事欄とから成っているが、私には前者より後者の方に利用価値がある。私にとって、〈山日記〉は日記帳というより一種の山岳便覧として役立っている。おそらく私のような人は少なくあるまい。日記欄はいつも真白のままで、記事欄だけを重宝がっている人もあるだろう。ところがそういう人々の中には、日記をつけぬ位なら毎年買うのも無駄だ、二〜三年に一冊で結構だ、と思う人があるかもしれない。しかしそれは誤りだ。記事欄に興味を持つ人こそ、毎年新しい〈山日記〉を手にすべきである。と言うわけは、編集委員の熱心な努力によって、〈山日記〉の記事欄は毎輯変化している。新しい記事も現われるし、登山日程や山小屋なども毎年幾らかずつ変っている。少し大げさに言えば、〈山日記〉は日本の登山界の変遷と趨勢を示している。

近来、山のことになるとヒマラヤに結びつけずには考えられないほど、ヒマラヤのとりことなってしまった私は、〈山日記〉の中へヒマラヤ記事がどんな風に侵入してきたかを調べてみようという気をおこした。が私の手元には〈山日記〉は全部揃っていない。そこで御近所の小林義正さんのお宅へ行った。

小林義正さんは日本山岳会会員で、知る人ぞ知る、山の書物の大蒐集家である。私は小林さんのギッシリ本のつまった書斎で、今まで名前だけ聞いていた古今東西の名著をどれほど沢山見せて貰ったことだろう。小林さんの蒐集の凝りかたの一端をあげれば、たとえば志賀重昂の「日本風景論」である。この本が明治の半ば、わが山岳界に与えた大きな役割についてはここに繰り返すまでもなかろう。わが国の山岳書の古典の第一位に推すべきものであろう。その「日本風景論」は明治二十七年に初版が出て以来、版を重ねる毎に増補改訂を行ない、表紙の意匠も変り、それが十五版に及んでいる。感心したことに、小林さんはその初版は勿論、十五版までの各版を殆んど揃えておられる。これほど念の入った蔵書家だから〈山日記〉も全部持っておられるだろうと思ってお訪ねしたのだが、さすがにこれは揃っていなかった。〈山日記〉などは本の中へ入らないのかもしれない。

仕方なく私は日本山岳会のルームへ行った。ところが本家本元のここにも、終戦後の分はあったが、それ以前の分は三～四冊しかなかった。〈山日記〉は今度〔一九五七年版〉で二十二輯になるが、終戦前に十三輯出ているのである。おそらく過去の〈山日記〉などは粗末に取扱われているのだろう。実際にまた年おくれの日記帳などは古本屋の棚にも並ぶまい。しかし〈山日記〉をただの日記帳としてみず、山岳文献としてみると、新しい価値が出てくるのではないか。日本の登山の発展や変化を見るのに、これは大切な文献である。いまにみよ、〈山日記〉の complete は古本市場でも高値が出るに違いないから。

そこで私は不完全な資料で、この稿を書くよりほかない。まず、〈山日記〉にヒマラヤの現われたのは、早くも第二輯（一九三二）である。しかもその執筆者がわが山岳界のヒマラヤの先覚者であった木暮理太郎氏であることも意味深い。「外国の高山百座」というのがその記事だが、ヒマーラヤ（と発音するのが木暮さんの主張であった）がその重きを占めていることは言うまでもない。一九三二年と言えば、まだヒマラヤに関心を持つ人の少なかった頃である。八千メートルの高峰は、エヴェレスト、K2、カンチェンジュンガだけが、遠征隊にねらわれたにすぎない。木暮さんの挙げられた表の中にはまだマナスルの名も見えない。しかしこんな初期の〈山日記〉に早くもヒマラヤが現われたことは、先覚者木暮理太郎氏のおかげだろう。

一九三〇年代はヒマラヤがにわかに活気を呈してきた decade である。木暮理太郎氏執筆の「外国高山百座」はその後毎年〈山日記〉に載ったが、輯毎に増補され改訂され、第八輯（一九三七）には「外国の高山百七十座」にまで発展した。その上「外国主要峠高度表」が附け足された。

一九三六年はわが国最初のヒマラヤ遠征で立教山岳部がナンダ・コット初登頂に成功した年である。第九輯（一九三八）には、ナンダ・デヴィの写真版が挿入され、ヒマラヤの山脈の概念図が四葉も掲載されるなど、ヒマラヤの機運が大いに動いてきたことを〈山日記〉から察することが出来る。

ところがその頃から日本は戦争に入った。〈山日記〉からヒマラヤが消えてしまったのは、当然うるさかった国粋主義のせいだったろうか。しかしそれも二年間で、第十二輯（一九四二）には再び「亜細亜の高山」という題になってヒマラヤが現われた。今度の執筆者は吉沢一郎氏である。

わが国のヒマラヤ文献研究家として吉沢一郎氏の名を逸してはなるまい。「山岳」や「会報」に逸早くヒマラヤのことを取りあげて丹念にその紹介の記事を書いてわれわれを喜ばせたのは吉沢さんであった。その吉沢さんのウンチクが〈山日記〉に現われたのである。「亜細亜の高山」は木暮さんの表よりも更に一段と詳しいものだった。

戦争末期、敗戦直後の数年、休刊の止むなきに至った〈山日記〉は一九四九年になって復刊し、第十四輯として現われた。この輯にも吉沢一郎氏の「亜細亜の高峰一覧表」は改訂増補を施して載っている。七千メートル以上の高山を二百七十六座も網羅した詳しいものである。しかしこれでは一般の人々には少し専門的すぎるという声があって、第十五輯（一九五〇）には、もっと簡略にした「外国高山百二十座」が載った。執筆者は望月達夫氏である。

望月さんも早くから最も熱心に「山岳」や「会報」でヒマラヤの紹介に努力して来られた人である。わが国に今日のようにヒマラヤ熱の盛んでなかった頃、もうある少数の人々はヒマラヤに取りつかれていた。黒田孝雄とか宮崎武夫などという人はもう死んでしまったが、もしあの世でマナスルの成功を知ったら、どんな感慨を持つことだろう。望月さんの「外国高山百二十座」はその後ずっと続き、第二十一輯（一九五六）になって吉沢一郎氏の「世界の山々」と代った。

第十六輯（一九五二）から、日記欄の日附の所に登山界の出来事が附記されるようになった。例えば六月八日の項には「マロリーとアーヴィン、エヴェレスト頂上におもむいて還らず」等の如くである。一九五三年はエヴェレストが登頂され、三田幸夫氏を隊長とする第一回マナスル登山隊のあった年である。従って第十九輯（一九五四）には巻頭にマナスルの写真四葉が載り、「外国高山百二十座」も執筆者に田中栄蔵氏を加えて内容が改訂され、ヒマラヤに関する概念図が五葉附加され、その上「山岳図書」が新設されてその洋書の部を田辺主計氏が執筆されている。

わが国でヒマラヤの本の最初の翻訳は田辺主計氏の「エヴェレスト登山記」であろう。原著はYounghusband の The Epic of Mount Everest で、訳書の出たのは一九三〇年である。本の好きな田辺さんはその頃からすでに本の上でヒマラヤに親しんでおられたのである。「山岳図書」の中のヒマラヤの部は、今までにないよく行届いた文献表であった。

第二十輯(一九五五)には「新刊山岳図書」の洋書を田中栄蔵氏が書いておられる。その過半はヒマラヤの本である。田中栄蔵氏は私のヒマラヤ勉強の恩人であって、今までにヒマラヤの本の新刊を私は殆んど田中さんから知らせて貰っている。新刊のことばかりでなくヒマラヤについて何か不審な所があったら、田中さんに訊けば大ていい教えてもらえる。大したヒマラヤ通である。同じ輯に「登山年表」が新設されその執筆も田中さんだが、あの年表は非常な努力である。ヒマラヤの部など大へん参考になる。こんな仕事は田中さんのような丹念な博学な人でなければ不可能だろう。

第二十一輯(一九五六)には、巻頭に「ガネッシュ晴れたり」というカラー写真が始めて〈山日記〉に現われ、吉沢一郎氏の「世界の山々」、田中栄蔵氏の「登山年表」、同氏の「新刊海外図書」、ほかにアジアの高山の概念図六葉も加えられ、ヒマラヤの気分がいよいよ濃厚になっている。さてマナスル登頂成功のあとを受けた第二十二輯（一九五七）はどんな編集がほどこされるだろうか。

ヒマラヤを中心として〈山日記〉の変遷を辿りながら、私は今までいろいろ恩恵を蒙った机上ヒマラヤニスト（armchair mountaineerという言葉がある）の名前とその仕事をあげた。この人たちの功績を見逃してはなるまい。今から何十年かしたら〈山日記〉の登山日程や案内の中に、ヒマラヤのコースやシェルパの名簿の現われることも、決して夢ではあるまい。

エヴェレストの記録

昨年（一九六九年）十二月、日本山岳会恒例の年次晩餐会の際、控室でエヴェレスト関係の図書を展覧した。会員の持寄った内外の本が約百五十種並べられた。さすがは世界の最高峰、一つの山にこれほど多くの書物の出ている例も珍しいが、それを直ちに召集できる会員諸子の蔵書の豊富さも大したものである。

書物尊重は日本山岳会の昔からの伝統であって、すでに本キチガイの域にある会員も二、三にとどまらない。数年前、初期エヴェレスト登山家として活躍した、ソマーベル氏が来朝された時の歓迎会で、氏の署名をこうために会員が差出した多くの古い本を見て「本国のイギリスでもこんなにはない」とおどろいた様子であった。

どんな本があるのか。エヴェレスト最初の登山は一九二一年で、翌年その報告書が出た。それの特別限定版は世界でも珍しい本になっているが、それを所有している会員を私は三人知っている。イギリスは引続き、一九二二、二四年のエヴェレスト登山報告書を出した。いずれも大型の本で、厚手のコトン紙を使い、豊富に写真を入れ、金文字を背に押して、当時のエヴェレスト遠征の物々しさと、アルパイン・クラブの高踏ぶりを感じさせる、重厚な本であった。

それを丸善の書だなで見たのはまだ私の学生のころで、ただ空しくその前を往き来するほかなかった。一冊二十五シリング（当時十三円七十五銭）は、私の一ヵ月の食費に相当したからしょせん高嶺の本とあきらめるほかなかったのである。イギリスのエヴェレスト登山報告は、その後も同じ形で、一九三三、三六年の分も出た。その全部をわが本箱に並べて悦に入ったのは、それから十数年後のことに属する。

一九五三年エヴェレストはついに落ちた。隊長ジョン・ハントの金字塔的「エヴェレスト登頂」は、各国語に翻訳されて、世界中の山好きの手に行きわたった。今度の日本山岳会の展覧には日、独、仏、伊、米、ソ連、オランダ、デンマーク、インド版のほかに、日本で作った点字本までそろっていた。

世界最高峰に初めて人間が自分の足で登ったという世紀的な事件は、多くの本を生んだ。隊員たちはそれぞれの立場から、公式報告書には欠けているエピソードや感想をつづった。その中でもノイスの本が「エヴェレスト——その人間的記録」という題になってわが国にも訳され、多数の読者を得たのは、それが単なる報告ではなく描写であったからだろう。

エヴェレスト物語といった本も数種現われた。最初の登山から登頂までに三十年もかかり、その間に遭難あり、挫折あり、壮烈あり、美談ありで、物語性の条件を十分そなえている。その物語の最初は、エヴェレスト登山の生みの親ともいうべきヤングハズバンドの名著「エヴェレスト叙事詩」で、その訳「エヴェレスト登山記」はわが国で出た初めてのエヴェレストの本でもあった。出版は一九三一年、四十年も前だから、かつてこの本で血をわかした人たちは、いま日本人が現実にエヴェレストへ登ろうとするのを見て、感慨深いものがあろう。

イギリス隊の初登頂の次を一九五六年のスイス隊が継いだ。この隊はエヴェレストの隣のローツェにも初めて登り、その報告書は「雲表に聳ゆる峯々」としてわが国にも訳されている。続いてインド隊は一九六〇年、六二年の二回の失敗の後、一九六五年ついにその宿願を果たした。その公式報告「エヴェレストに立つ九人」は出版されてまだ間もない。いずれは翻訳されるだろう。新しいヒマラヤの本が出ると、たちまち日本語化してしまう。この貪欲な食欲があってこそ、わが国の登山は世界のそれに比して毫も劣らないのであろう。

その次に頂上に立った国旗は星と条であった。アメリカ隊はそれまでのルート以外に、西稜という新ルートを開いて、世界の登山者たちをアッとおどろかせた。公式報告書「エヴェレスト上のアメリカ人」（もちろん邦訳がある）のほかに、「西稜」と題する豪華な本も出ている。

私は公平であるために、中国隊のエヴェレスト登頂もあげねばなるまい。ただこの成功には疑問が持たれている。なぜ中国が正確な報告書を出して、そんな疑いを弾きかえさないのか、私ははがゆくてならない。どこの国の隊でも、たとえ失敗した時でも、その詳細を発表して、私たちエヴェレスト・ファンを喜ばせている。しかるに中国隊はごく簡単な登山記を周報誌にのせたきりである。エヴェレストには目の肥えた世界のヒマラヤ気違いどもが、それで満足しないのは当然であろうと私は思われる。

以上がこれまでのエヴェレスト登頂隊の本である。それに続いて、南壁による登頂という画期的壮挙の書物が出ることを、私は八分どおり信じている。おそらく各国語に訳されて世界中の山男を喜ばせることであろう。が、成功者の伝記よりも、不遇者のそれの方がしばしば興味があるように、エヴェレストも登頂記以外に、おもしろい本が多い。単独登山記、越境登山記、潜入登山記、素人登山記、四十年も前の上空飛行、日記、手紙、漫画……その他あげればきりがない。

ことに山の本は写真が尊重されるが近年印刷術の進歩とともに、いよいよ美麗なエヴェレスト写真集が現われている。おそらくこの世界最高峰は、今後も相ついでいろいろな形の登山が行なわれるであろう。来年も再来年も、もう登山隊が決まっているという。エヴェレストは常に新しい話題を生み、次々と興味ある本が出てくるに違いない。

エヴェレストの本は翻訳されたものだけでも十数点におよぶ。その中には絶版になったものもあり、出版社がつぶれてしまったものもあって、その全部が手にはいるとは限らない。

エヴェレスト登山の歴史をまとめた手軽なものに、拙著「ヒマラヤ登攀史」(岩波書店)のあることを、小さな声で付け加えておこう。

ヒマラヤの地図

東京の郊外で初めて人を訪ねる時、一ぺんでその家を探しあてることはむずかしい。手帖の紙片に書いてもらった略図は持っていても、その通り導かれたためしはない。

郊外電車の駅をおりると、住宅地帯の入り口に、よくブリキに書いた案内図が貼ってあるが、ほとんどアテにならない。広告屋へ余計お金を払った家が大きく出ていたりする。私はその種の広告屋を絶対に撃退することにしているから、私の家などどうでもいいような掲示になっている。

日本人は地図を書くことも下手なら、読むほうも下手なようである。道を探すのに直感的であって、科学的ではない。松の木を目あてに訪ねて来いなどというのは風流かもしれないが実用的ではない。

線路を渡って三つ目の小路を右へ曲がって、ダラダラ坂をおりて……などと八百屋の小僧に教えられている通行人をよく見受けるが、それで一度も迷わずに家を探しあてることは極めて稀である。現在の東京の郊外は八幡の藪知らず、直感は用をなさない。

私が日本陸軍に感謝している一番大きなことは、五万分の一の地図を作ってくれたことである。参謀本部が金を惜しまず測量した。その後の信頼出来る地図はみなそれを基本にしている。

ヒマラヤではインド測量局の地図である。イギリスの統治時代に莫大な費用をつぎこんで測量作図した。大きな遺産である。しかしその地図は容易にわれわれの手に入らない。機密扱いにされているからである。

イギリスでもドイツでもスイスでも、部分的ではあるが、ヒマラヤの詳細な地図を出している。大きなエクスペディションの報告には、大てい正確な地図がついている。日本にはそれがない。これほど数多くの遠征隊がヒマラヤへ行きながら、外国に誇ることの出来るような地図一枚ないとは残念なことである。

それというのも日本人には地図に関する伝統的な教養が足りないからではなかろうか。外国の登山隊を見ると、大てい隊員の一名に地理学の素養のある者が加わっている。日本隊はドクターを加えることは忘れないが、地理に大きな関心を払っているとは言えない。

ヒマラヤの魅力は一にテラ・インコグニタ（未知の地）にあると思う。せっかくそこへ入りながら、地形の見取り図くらいしか持って帰らないのは、あまりに欲が無さすぎる。

探検の精神

探検があり、それから登山があった。

ヒマラヤのような広い大きな高い山地では、ことにそうであった。まず探検隊が未知の世界へ踏みこんで、山の所在を確かめてきた。それへ近づくルートや住民のようすなどを調べてきた。その調査をもとにして登山隊が出ていった。現在のようにヒマラヤの登山が盛んになる前に、約半世紀の探検時代があった。探検家のじみな努力は、登山家の花々しい功績に決して劣らなかった。

近ごろ諸大学に山岳部と並んで探検部が生まれつつあることは、たいへん結構な現象である。ただ残念ながら日本にはもはや探検の名に値する土地がなくなった。

数年前までは、知床(しれとこ)半島や琉球列島がまだ残された地であった。しかしもはや未知の世界というわけにはいかない。前人未踏の地への侵入、それが探検の本義だと私は思っている。それがかなわぬから、現在の大学探検部の仕事はおおむね学術調査隊になっている。

　しかし地球上にはまだまだ未開の地が残っている。その最も大きな宝庫は中央アジアである。現在は政治的事情からそこへ侵入することは容易ではないが、いつかは禁の解かれる日もあろう。

　ヘディンやスタインの探検記を読むごとに、私は中央アジアに無限の夢を持つ。ヒマラヤの登山よりも中央アジア探検のほうが、私にはずっと魅力がある。

　日本は登山熱が盛んである。そして登山の技術や装備の研究も進んでいる。しかしもとは登山も探検の一部であった。探検の精神がいつもその底にあった。この精神を失ってはならない。

　登山家を養成しようとする指導や運動は、わが国でも盛んになったが、探検家のほうはうとんじられている。私にほしいのは登山学校よりも探検学校である。諸外国の山岳会誌を見ても、登山も同様に探検が重んじられている。

　日本にはもはや空白の地はないとはいえ、飛驒や東北の山地へはいりこむと、まだ私たちの探検精神をみたしてくれる所が残っている。そういう所には見向きもせず、ただ穂高だの立山だのに熱をあげているのは、わが国の登山界の片手落ちというものだろう。

未知を求めよ

アラビアの諺に「未知を求めて遠く旅する者に、神はそのパラダイスを開く」というのがある。パラダイスはそう手軽にわれわれの前に開いてはくれない。そこへ到達するには、険しい長い道を行かねばならない。その辛い道を行かせるのは〝未知を求める心〟である。

未知に対して強いあこがれを持つ者はしあわせである。

それは旅だけではない。学問でも、芸術でも、事業でも、まだ誰も知らない新しい天地を求めようとする人だけに、輝やかしい栄冠が来る。

踏みならされた安易な道を行く者には、決して〝パラダイス〟は開けない。

未知の道に不安と危険が伴うのは当然である。それを恐れていては、何ごともなし得ない。「ボイズ、ビー、アドヴェンチュアラス!・」(青年よ、冒険的であれ!・)と私は叫びたい。

人間はいつの時代でも「あの山の向うは?」という強い好奇心を持っている。そして、それを知ろうとして勇敢に出かけるのは、冒険的精神である。どこの民族でも国家でも一番栄えた時代は、この精神の旺盛な時であった。「わが国には太陽の沈むことなし」と豪語した大英帝国時代には、世界的な探検家が続出した。

冒険という言葉はカミカゼとか無謀とかに取られがちだが、決してそうではない。真の冒険は、沈着な判断と科学的な精密さを必要とする。その上に立って、前人未踏の新領域に乗り出す勇気こそ冒険の精神である。地球上の最後の土地、南極大陸横断に最初に成功したクックは言った。「探検とは、サイエンスとアドヴェンチュアの魅力に富んだカクテルである」と。

冒険的精神は探検に限らない。それは日常生活においても、人間が萎縮しないためには必要な精神である。イージー・ゴーイングは人間を消極的にし無気力にする。もし行手に道が二つに分れていたら、そのうちの険しい方を採ろう。両方から声が聞えてきたら、少数の方の声を聞こう。

多数とは〝付和雷同〟の場合が多い。多数決を切札とする民主主義や、多数におもねる世論(テレビ、新聞)の弊害はここにある。冒険的精神は常に少数に味方する。

旅行に出るといつも私は自分に言い聞かせる好きな言葉がある。

「われ道の長く険しきを愛す」

それは人生行路にも必要な訓言であろう。安易な道を行こうとするのは、心のゆるんだ時である。パラダイスは長く険しい道の先にある。

冒険と夢の土地

中央アジア　Unexplored

「今日地図の上にはもう秘密が無くなった、とよく言われるが、それは怠慢者の言い草である。一たい誰が中央アジアのすべてを知っていよう。現地人でさえ自分の住んでいる所以外は知らない」

これは一九三〇年シルク・ロードの一探検家の言であるが、三十年後の今日でも通用する。地球上で最もブランクな地は、アフリカでもアンデスでもない。南極でも北極でもない。それは中央アジアの山地である。その大半は地図上にunexploredと記入されている。

中国が共産圏に入ってから、主要道路には自動車道路が作られ、鉄道が敷かれた。中国からソヴェトのタシケントまで、或いはチベットのラサまで、足を使わずに達することが出来る。昔の旅人が何ヵ月も、時には何年もかかって歩いたことを思えば、隔世の感がある。三十年前までは、ラクダの背か、子馬の曳く二輪車によるほかなかった。それは広漠とした砂漠を横切り、雪を頂いた山を越え、炎暑と寒冷にこもごも苦しめられ、野盗におびやかされつつ、オアシスからオアシスへと辿って行く困難な道であった。

初めてこの荒涼とした地域を自動車で横断したのは、一九三一年ジョルジュ・ル・フェーヴルの率いるシトロエン隊であった。しかしその運行も苦渋を極めた。その時の紀行が『東洋のオディセー』と題せられているのを見ても、いかに冒険旅行であったかが察しられる。

交通を促進するのは戦争である。それは漢の武帝時代から今に至るまで変ることはない。今度の世界大戦で、ソヴェトから、インドから、援将物資を運ぶため道路が作られ航空路が開かれた。しかしそれはあくまで主要ルートであって、それをはずれた所はどうなっているか。わからない。

交通を阻害するのも軍事である。中央アジア探検の最も盛んだったのは、前世紀〔十九世紀〕の末から今世紀の初めへかけてであって、有名なオーレル・スタインやスウェン・ヘディンやわが大谷探検隊が貴重な発掘をしたのは、この期間である。中国（清国）は自国の宝が外に持ち出されることを怨んで、その後外国の探検隊を警戒し、ついに入国を制限するようになった。

楼蘭　この奇しき運命の物語

大戦後中央アジアの紀行をわれわれが読むことが出来なくなったのは、中国がおそらく軍事上の顧慮から外国人を入れなくなったからである。中国は日本の文化人を招待してくれるが、奥地は重慶か成都、稀には敦煌（とんこう）までで、それから先の雲烟（うんえん）万里の土地へ行った人をまだ聞かない。戦後、各国の共産系の新聞記者が招かれて中央アジアを視察した紀行はあるが、それはメーン・ストリートであり、飛行機で要地だけを訪れたにすぎない。それはもうtravellerではなく、passaengerである。

灯油の代りにヤクの油が鈍く燃えている韃靼（だったん）の宿や、オム・マニ・パドメ・フムの聞えるチベット人の黒いテントや、僅かにタマリスクの叢（くさむら）があるだけの砂丘の果てのない連なりや、アルガル（ラクダの糞）を唯一の燃料として炊事する砂礫の曠野（あらの）や、そういう土地へ入ってこそtravellerと言えよう。

何千年の間、人々はそういう旅をしてきたのである。楼蘭は長安の都から昔のシナの里程で六千百里であった。西のかた陽関を出てからも千六百里あった。二千年昔、この国は戸数千五百七十、人口一万四千百人、兵の数二千九百十二人だったというから、その繁栄ぶりが察しられる。

楼蘭は当時ロブ・ノール（ノールは湖）の北岸にあって、東西を結ぶシルク・ロードの中継の要地であった。長安からはるばる来た道は、ここで二つに分れて、一つは北上して天山山脈に沿う北道となり、他は南下してコンロン山脈に沿う南道となった。北道も南道も、タクラマカン砂漠を間に挟んで西進し、その果は西洋に続いた。

紀元前七十七年、その楼蘭の国王は漢の使者のため暗殺され、漢の立てた新王はロブ・ノールの南岸に移って鄯善（ぜんぜん）国を名乗った。楼蘭は滅びた。しかし漢の手を借らずともいずれはこの国は滅亡の運命にあった。と言うのは人間よりもっと強力な自然の手によって、じりじりと滅亡の淵に押しつめられていたからである。それは砂漠であった。朔風に吹きなびく砂漠の砂がロブ・ノールを埋め、楼蘭を呑もうとしていたのである。

楼蘭が砂の下になってから約千六百年、その長い夢をさましたのがスウェン・ヘディンであった。彼は楼蘭の遺跡を発掘し、その廃墟の中から重要な文書を見つけた。ヘディンの発掘を一層ロマンチックにしたのは、若い乙女が昔そのままの美しい容貌で残っていた棺であった。唇のまわりには今なお微笑が漂うていた。眼蓋は閉じられていたが、眼は少しも落ちこんではいなかった。彼女は何も語らなかった。しかしヘディンの空想は彼女を楼蘭の王女とするに十分であった。

ロプ・ノールが「さまよえる湖」であることを証したのもヘディンであった。この湖は再び昔の楼蘭の地に復活しつつあったのである。歴史と自然の織りなすこれほど奇しき運命の物語もないだろう。

黄河 その上流へ走らせる空想

中央アジアの広大な地域は謎に充ちている。有史以来東西交流の道であったから、宗教、民族、芸術、すべて多彩な歴史に裏づけられている。そこへ変転常なき自然が加わる。昔栄えてもう無くなってしまった道があり、昔のオアシスが消えて、別の所に新しいオアシスが生れる。楼蘭のほかにもまだ砂に埋れた遺跡が幾ヵ所も発見されている。そしてその廃墟から発掘された彫刻や絵がすばらしい古代の美術品であるということは、何という遥かさであり、何という深さであろう。

昭和十四年の十一月、私は内蒙古を旅行した。当時日本の勢力の利いている最先端の町包頭（パオトウ）まで行って、単身の旅行者だった私はまず人をつかまえて、黄河のほとりまで案内してくれと頼んだ。その人はけげんな顔をして、

「黄河なんて、ただ水が流れているだけですよ」

「それでいいのです」

私の願をきいてその人は車で河のふちまで連れて行ってくれた。初冬の黄河はすでに氷が張りつめていて、そのあたりでやや幅が狭くなり、荒涼とした原の中に薄白く光っていた。あたりは何もなかった。しかし私は黄河を見ただけで満足であった。私の空想はその上流へ走った。そこには無限の神秘と原始を持った広大な未探検の地域が拡がっている！

包頭には隊商のラクダがたむろしていたり、イスラム教の寺院があったり、蒙古文字の看板が掲げてあったりして、ほのかに私に中央アジア的な匂いをかがせてくれた。しかし果てのない拡がりを持った奥地に比べれば、ここはほんの入口にすぎない。私は西へ向って、冒険と夢に充ちた長い長い旅を思った。

この道をどこまでも行く。突き抜けるのに数十日もかかる砂漠があり、遊牧民のパオがあり、緑のオアシスがあり、そして彼方には氷雪を頂いた山々が見える。そしてその末にバクダードがあり、コンスタンチノーブルがあり、やがてローマに行き着

く。事実マルコ・ポーロは何年もかかってその長い道を向うからやって来たのである。

未知の宝庫　扉のあくのを待っている

アルバート・ヘルマンの『古代絹街道』には新疆省の北道と南道しか書いてないけれど、そしてそれはシルク・ロードの幹線には違いなかったけれど、それ以外にやはり東西を結んだ裏道にも、私は深い興味を抱いている。中国の奥地からチベットを通ってカシミールの方へ出る道。青海、西康、雲南のあたりは、荒涼索漠とした山岳重畳の地である。黄河、揚子江、メコン河、サルウィーン河の四大河の上流が、それぞれ山脈を距てて平行して流れている。そのさまを地図の上で眺めただけでも、私の胸はふくらむ。東洋とは何と広く、何と未知の領分がわれわれに残されていることだろう。

新疆省とチベットの間にはコンロン山脈が走っている。最高峰のウルーグ・ムスターグは七千七百メートル、もちろん処女峰である。それどころか、コンロン山脈の山はまだ一つとして登った者がない。最高峰も地図にあるだけで、どんな山か、まだ写真さえない。

アムネ・マチンはコンロン山脈が東に延びた末にある山である。それさえごく最近までエヴェレストより高い謎の山として騒がれたほどである。それほどこのあたりは暗黒である。まだ何が出てくるか分ったものではない。

私は旅行記を読みあさる。勇敢な探検家がこのterra incognita（未知の地）へ入りこんで行った。私はその足跡を追い、彼等と驚異と興奮を共にする。中には命を落した者も幾人か数えられる。狭い日本の中で、辺地だの秘境だのと言っているのがおかしくなる。

どうして中国はその未知の宝庫の中へ私たちを入れてくれないのだろう。その扉のあくのを待っている、アドヴェンチュアと夢に充ちた青年が、わが国には大勢いることを私は知っている。

アジアの大河

山の好きな私は当然、そこから流れ出る川にも大きな興味を持っている。ヒマラヤや中央アジアの山にふけりだしてから、アジアの大河に対するあこがれが一そう強くなった。

中国を貫く二つの川、黄河と揚子江。その黄河に初めて接したのは昭和十四年の初冬であった。包頭まで一人で行った私は、黄河のふちまで自動車で連れて行ってくれるよう人に頼んだ。そんな所には何もありませんよ、とその人は怪訝(けげん)な顔で言った。何もなくていいのだと私は答えた。

本当に何も無かった。ただ荒涼とした野の中を、ようやく凍り始めた黄河がゆったりと流れていた。その先にオルドスがあり、寧夏(ニンシア)がある。さらに上流の山々を思いやって、私の心は満ちたりた。

揚子江を見たのは昭和十二年の秋、飛行機の上からだった。上海に近づくと、青い海が大きい扇状に赤く濁っている。それが揚子江の吐き出す泥であった。上陸して見た河口は、対岸が見えないくらい遠く、それは川という実感よりは、海の一部に近かった。

昭和十九年の春、私は招集されて、南京の近くから武昌（ぶしょう）の南まで約一ヵ月の行軍をした。道の大半は揚子江沿いであった。落後者の多く出た強行軍であったが、見渡す限り一面の菜の花と、洋々とした揚子江の流れが私を慰めてくれた。

揚子江も重慶あたりまでさかのぼるとよほど川上に思われようが、その全流からみると、たとえば利根川における前橋くらいの位置ではなかろうか。その奥がまだまだ深いのである。私のあこがれはその源流にある。

中央アジアの地図を広げて、黄河と揚子江が山脈一つへだてて源を発するところを見るほど、何か悠久な感じがするものはない。黄河は東流し、揚子江はいったん南下して、メコン川、サルウィン川、イラワジ川と並ぶ。このアジアの諸大河が、わずかの距離をおいて並行して流れるさまは、世界地図上類のない壮観である。そしてこれらの源流地帯が探検上最もブランクのところである。

ネパールへ行く途中、インドのガンジス川を船で渡った時の感激も忘れられない。これがガンジスか、聖なるガンジスか、と私は心の中で叫びながら、源流の氷河の砂土で濁った流れを見つめていた。そしてそれから一ヵ月後には、その支流の、また支流をさかのぼって、ヒマラヤの氷河に取りついていた。もう十年前になる。

インダス川はパキスタンで見た。ペシャワールの方からカブール川沿いに下ってくると、前方、数条の流れに分かれた大河が見えた。それこそカラコルムの氷雪の山の水を集めてきたインダス川であった。やがてカブール川がそれに合流すると、今まで広い河原を持っていたインダス川が急にすぼまって狭い一本の流れになった。そしてそこに有名なアトックの橋がかかり、崖の上には要塞があった。

古来アレキサンダーを初め、ジンギスカン、チムール、バブール、その他の大軍がインドへ侵入した時、インダス川の渡河点はこのあたりであった。多くの旅行者もそこを渡った。

私たちも橋をわたってインダス本流と離れてパンジャブへはいった。パンジャブは、パンジ（五つ）アブ（川）が詰まったもので、五つの川の意である。五つの川とは、ジエルムル、チェナブ、ラビ、ビアス、サトレッジで、末はいずれもインダス川にそそぐ。それらの川を一つ一つ横切りながら、私はその上流を思いやらずにはおられなかった。それぞれの源のヒマラヤの地形を私は暗記していたからである。

パミールから流れ出るアム・ダリア（オクサス川）は、歴史家トインビーも「子供のころからオクサス川をいつかは見たいものだと夢みていた」と言っている通り、中央アジアに興味をいだく人の胸にしみついた川である。その上流はワハン谷となって、近年は登山家の関心になっている。私もその川が見たくて出かけたが、途中で自動車に故障をおこして、ついに川のふちまで行くことが出来なかった。その代わり飛行機の上から見た。それはまるで大蛇のように広大な砂漠の中をうねっていた。

人類文化発祥の地メソポタミアを流れてきたチグリス川とユーフラテス川は、ペルシャ湾にそそぐ手前で合流して、シャト・アル・アラブ川となる。ユーフラテス川に沿う古跡をたずねながら沿って下ってきた私は、合流した川のほとりに立って感慨無量であった。そこには大河の晩年らしい姿があった。かつてはペルシャ湾へはいってきた異国の珍宝が、この川をさかのぼって上流の都へ運ばれたのである。バグダッドの盗賊も、船乗りシンドバッドも、ここを通ったに違いない。それから……私の夢想は尽きなかった。

韃靼

——韃靼海峡を一匹のてふてふがわたつて行つた——

という詩の一行が早くから上田哲農(てつの)さんを中央アジアに惹きつけたという。一匹の可憐な蝶が荒海の上へ飛び出して行くイメージも鮮烈だが、更に海峡の名前がそのイメージにふさわしい。dattanという鈍重ながら歯切れのいい響き。これをダッタンと書いてはいけない。韃靼という重っ苦しい字劃(じかく)の中に、あの融通の利かない、しかし精悍な民族のおもかげが籠(こも)っているようである。

一行の詩に惹かれた上田さんは、その後カフカズの山へ行かれ、近くは日本人としては最初の天山の山へ行かれた。カフカズでは韃靼人を描いたすばらしい油の傑作がある。

むかし学生時代の山仲間に韃靼という仇名の男がいた。どうしてその名がついたか知らないが、その男の風采や仕草を見ただけで、いかにも韃靼という感じが、説明は出来ないがピンと来るものがあった。あの頃の大学山岳部には、大てい一人二人は韃靼の名にふさわしい男がいた。ヘルメットにニッカーズという颯爽とした現代の登山の英雄たちには、もはや韃靼は見当らない。

私が初めて韃靼という名をおぼえたのは、ゴルキーの「どん底」であった。四十数年前の高等学校の生徒であった私は、その頃の青年たちの殿堂の一つであった築地小劇場の舞台に見入っていた。陰惨のようでどこか朗らかな、無秩序のようでどこか締まりのあるその舞台に、どん底の人たちがわめいたり歌ったりしていた。その中にあまり目に立つ役ではなかったが一人の韃靼人がいた。厚ぼったい着物に長靴をつけていた。振舞(ふるまい)のにぶいその男が何かしら私の印象に残った。

それから後、やはり学生の時、フレミングの「韃靼通信」を読んだ。まずその題に惹かれたのだが、実におもしろい中央アジア旅行記であった。そこに出てくる荒涼たる風景や、素樸な現地人の風俗や生活が私を魅了した。韃靼は私の憧れの地となった。

それからまた時がたって、私はソヴェトの歌劇団でボロージンの「イゴール公」を見た。その中に、きれいに剃った頭のてっぺんに一株の髪を残し、それが長く背中に垂れている、背の高い、鋭い目の韃靼の首領が重要な役を演じていた。私はその精悍な顔をした俳優から眼を離せなかった。韃靼の踊りと歌とが披露された。その激しいリズムと動きは、私をひどく興奮させ、私の中の中央アジアを抗しがたいものにした。

韃靼は日本にもあった。奈良東大寺二月堂の有名なお水取、二十数日の籠りの僧たちの修行の最後に、松明を燃やす行事がある。その大松明を振りかざして、火の粉を散らしながら舞うのが、韃靼人の服装をした僧であった。韃靼人の舞は仏教と共に海の彼方からわが国へ入って来たのであろう。

明治に生れた者は、韃靼という言葉に一種郷愁のようなものを感じるのではなかろうか。戦前長い間満州で暮した故衛藤利夫氏は、自分の著書に「韃靼」という名を与えた。一匹の蝶の渡って行った海峡から、西のかたトルキスタンに至るまでの一帯の地を、衛藤氏は韃靼と見なしたようである。

私は韃靼を、中央アジアまたは西域と同地域に解している。西域と言うより韃靼と呼んだ方が、羊の皮ごろもを着て寒風や砂嵐の中を行くキャラヴァンや、砂漠の中に獣脂の燃えている薄暗いセライ（キャラヴァン宿）の情景に似つかわしい。

韃靼の語意の詮議はいろいろある。ラティモアはその著「高地韃靼」の中で次のように言っている。「韃靼という名前は現代の地図には見つからない。それは現在のように国々の境界がまだきまっていなかった頃の、アジアの地理の名残りである。韃靼人という言葉は、西方および東方を略奪するために、波状的に中央アジアから進出したすべての野性的な民族を呼ぶのに用いられた。ジンギスカンの全領土が韃靼であった」。

西洋では韃靼をTartary、韃靼人をTartarと呼んでいる。そして私たちが韃靼という言葉に感じるのと、同じようなイメージを、その語から受取っているらしいことは、彼等の旅行記にしばしばTartaryが用いられていることによってもわかる。一番古いのは一六九二年にアムステルダムで印行された、オランダ語の《NOORD EN OOST TARTARYE》で、現在世界に三部しか残っていない稀書だそうである。

中央アジア探検時代に入って、私たちにその名の親しい登山家や探検家にも、例えばシプトンの《Mountains of Tartary》、ラティモアの《High Tartary》、ショウ(ヤングハズバンドの伯父)の名著《High Tartary, Yarkand, and Kashgar》、それから前記フレミングの《News from Tartary》などがある。

日本人にとってはそれが韃靼である。そしてどんな言葉にもまして、韃靼という言葉には中央アジアらしい気分が溢れている。私はそう感じて、この漢字を深く愛している。

スタインの墓

アフガニスタンの首都カーブルへ着いた時、まず私の訪ねたい場所はオーレル・スタインの墓だった。

スタインは中央アジア探検家として、スウェン・ヘディンと並ぶ偉大な人物である。三回にわたる彼の探検中、とくに敦煌や楼蘭であげた功績が著名である。

アレキサンダー大王や玄奘三蔵（げんじょうさんぞう）を尊敬した彼は、それらの人の辿ったルートを探るために、多年アフガニスタンにあこがれたが、どうしても入国の許可がおりなかった。ようやく彼の宿願がかなってカーブルに着くと、ふとした風邪がもとで急逝した。その時八十二歳だった。

世を去る時、彼は「私はすばらしい生涯を送った。六十年間、一度訪れたいと願ったアフガニスタンで死ぬとは、こんな幸福なことはない」と洩らしたという。

私がカーブルへはいったのは五月半ばであったが、そこから見える雪の連嶺が私を喜ばせた。千五百メートルの高地の爽涼の気が、肌に快かった。

スタインの墓のありかは、はじめ誰に聞いてもわからなかったが、やっと探しあてた。町はずれの外人墓地の一隅にあった。一本のジャスミンが愛らしい紫の花を枝いっぱいにつけていた。

私淑する大探検家の墓の前に、私は深い礼をした。平たく横たえられた大理石の面には、次の文字が刻んであった。

マルク・オーレル・スタイン
インド考古学調査局員、学者、探検家にして著作家
インド、中国領トルキスタン、ペルシャ、イラクの困難を極めた旅行により知識の分野を開拓す。
一八六二年十一月二十六日　ブタペストに生れ、
一九〇四年イギリス市民となり、
一九四三年十月二十六日カーブルに死す。
心より愛されし人なり。

この最後の「心より愛されし人なり」という言葉が、いかにもスタインの温厚な人柄を表わしている。終身彼は独身で通した。

私は今年六十三歳、スタインのように遠い異郷の墓石になるまでに、まだ二十年もある。その間に、ぜひもう一度でも二度でもアフガニスタンへ行ってみたい。それほど私にとって興味のある国であった。

今世紀のもっとも偉大な歴史家のトインビーもまた、アレクサンダー大王の東征ルートを慕ってアフガニスタンにあこがれた。

しかし彼も、パキスタンから国境のハイバル峠まで二度も達しながら、どうしてもアフガニスタンへはいることができなかった。ようやく三度目に望みを果たしたのは、彼の七十一歳の時であった。

よく人々は、私のことを元気だとほめるけれど、スタインや、トインビーにくらべると、まだ私は若いのである。元気でなければどうかしている。

解説「読み、歩き、書いた」――深田久弥・山の生涯

日本山岳会会員・歌人　雁部貞夫

果敢だった人生

雑誌や出版社の編集者たちの間では、深田久弥の「遅筆」は有名だった。遅筆と言えば物事への対処の仕方がのろく、無器用だったかのような印象を持たれ兼ねない。しかし、それは深田という人物像の表面的な印象でしかない。執筆する側から言わせれば、深田の戦後に書かれた尨大な量の「ヒマラヤ物」は、長大な連載となったが、原稿の出来上るのが、月々の締切りギリギリになって当然なのである。

例えば、「エヴェレスト」を書くとしよう。第二次大戦後の初登に至るまでの物語を描くには、英、独、仏ほかの山岳会のジャーナルを読んで、勘どころを押さえておかなければ、細部は描けない。その執筆前の作業が実に大変な努力を必要とするのだ。

昭和三十四年から雑誌「岳人」に連載された「ヒマラヤの高峰」はその後の十年間、百二十回にわたったが、月々この締切りとの格闘の十年でもあったのである。

では実生活、実人生に於ける深田は、のろまで無器用な人物だったのか。答えはノーである。むしろ、その生涯の節目節目で彼は機敏に果敢な決断をし続けた人であった。

例えば東大（帝大）に在学中に改造社の編集部員となり、しばらく後に大学を中退してしまった。常識人ならば学校と職場を両立させたであろうが。そしてその頃、北畠八穂（やほ）と知り合い、親の承諾を得ずに「深田流」の結婚をしてしまう。

その後、深田は鎌倉文士として成功を収めるが、木庭（こば）志げ子（中村光夫の実姉）と再会し、恋愛につき進む。病身（脊椎カリエス）の妻八穂を捨てることになるのであるから、これも常識人の行動ではありえない。鎌倉文士の座を捨てて、この恋愛を貫いてしまう。志げ子と正式に結婚したのは昭和二十二年であり、その時すでに志げ子夫人との間に生まれた長男の森太郎は六歳になっていた。

前述の如き深田久弥の積極的で果断に富んだ性格は何処（どこ）から発したものだろうか。私はその大きな要因として、大聖寺町（現・加賀市）の深田家（代々にわたり紙商）の

「出自」を考えている。深田家の家系によれば、中興の祖として、三代目の深田屋宇平衛（嘉永四年歿）が挙げられるが、それ以前は橋立町深田が一族の居住地であった。深田村の称名寺（現存）の門徒である。初代は俗名不詳だが、寛政九年に歿している。

現在、橋立漁港として知られる地は江戸期を通じて千石船の寄港地であり、富裕な商人、事業家が輩出した。進取の気性や積極性は、この地域全体の気風でもあったのだ。深田家にもこの気風は代々受け継がれて来たに違いないというのが、私の見方である。ユニークな生き方をせよ、自分らしく生きよとは、深田久弥が私の結婚のはなむけとして語った言葉でもあった。そして、深田久弥自身が、生涯「自分らしさ」を貫いた人でもあったのだ。

『日本百名山』の楽しみ方

『日本百名山』という本の楽しみ方はさまざまである。最も基本的なものは、実際にこの本に描かれた百座の名山に全部、自己の足跡を残すということである。中には、スポーツ的に登山するというよりは、生きている間に百名山に登ることが、人生最大の目標だという人も多く、そうなると、深田教という山岳宗教の山岳巡礼のような観さえある。

しばらく前からの現象だが、『日本百名山』という本を「百」の名山へのガイド・ブックのように扱い、原作者の事など考えもしないという風潮が顕著になってきた。「百名山」という山のレッテルだけが一人歩きして、肝心の著者像はどこかへ置き忘れられてしまったのである。『日本百名山』（昭和三十九年刊）が上梓されて半世紀、原作者、深田久弥の実際の顔や声を知る人も少なくなって来た。

しかし、この本ほど著者と描かれた対象が不可分の関係にあるものは珍しい。幾千とある山々の中から何故、深田はその山を採り上げたのか、それぞれの山座の叙述のどういうところに、文学としての永遠性が存在するのか。そうした点を考えながら読めば、自ら真の醍醐味が味わえるのではあるまいか。

ここで、私なりの「百名山」の味わい方を少し記してみよう。この本はいわば、日本の山の総決算として書かれているので、普通のエッセイでは記されていたエピソードなどは、削除され、エキスだけが抽出されたような感じもある。勿論、文章全体の格調を保つ配慮も働いていたと思われる。

実はこの『日本百名山』という本の叙述からカットされてしまったエピソードを掘り起し、より豊かな世界を自からのものにするということも、深田ファンの秘められた楽しみなのである。そんなことが実際にあるのか。それがあるのである。「雨飾山」がその典型である。実はこの頸城の山が世に知られるようになるのも「百名山」あったればこそ、の話なのだ。

本書『名もなき山へ』に「混まない名山」という一項があり、雨飾山が紹介されている。この山について深田は「その気品のある山の形と、響きのよい変った名前と共に、長い間私の憧れの山であった」と記す。この山へ戦前、彼は二度にわたって登頂を試みたが、二度とも道のない山であったことや悪天が災わいして登頂を断念した。特に二度目の登山（昭和十六年）は、一生を通じて最も印象に残る山行となった。この時に同行したのが、後の深田夫人志げ子さんだったのである。二人はこの年の五月に中村光夫の結婚披露宴で再会し、深田はこの新しい恋に夢中になった。

この山行が二人が再会して、わずか一ヶ月後の六月に行われていることを知れば、その熱愛ぶりが偲ばれる。その文章で深田は次のように回想する。

「……この時は雨続きで、小谷温泉に四日も待機したが、天は私に幸いしなかった。五日目に雨飾山の脇の峠を越えて越後へ抜けた。振り返ると、向って左の方が心持高い二つの耳が、睦まじげに寄り添って相変らず美しかった。

左の耳は

僕の耳
右は　はしけやし
君の耳

そんな出鱈目を口ずさみつつ山から遠ざかりながら、雨飾山に対する私の思慕は増すばかりであった。」

他の山の文章では絶対に見せることのないロマンティックな心情が吐露(とろ)された文章である。これが『日本百名山』の方ではどう語られているか。そこでは来る日も来る日も雨で空しく引上げねばならなかったと、わずか三行の記述があるだけで、自分と志げ子さんを雨飾山の二つ耳になぞらえた詩句の欠片(かけら)も出て来ないのである。

深田久弥の読者たる者は、『日本百名山』の記述のみで満足してはならない。何度か稿を改めている文章にも目を通すべきであろう。そこには意外な真実や新鮮なナマの告白にも似た文章に遭遇するチャンスが隠されているかも知れないのだ。雨飾山（一九六三・三メートル）は実生活の上で深田久弥の後半生を規定した山なのであった。

次に本邦最高峰の「富士山」について触れてみよう。本書にも数節にわたって、富士山が採り上げられているが、「氷雪の富士山頂」と題した文章が実によい。普段は「偉大なる通俗」としているこの山の厳冬の登山では、全く別のきびしくも美しい富士の表情を私たちに伝えてくれる。そのさわりを紹介したい。

「(昭和十四年二月)次の日は噴火口の底に降りた。夏の登山期には神聖な個所として下降を許されぬ地だ。火口の底から見上げた空は一つの青い円で、その青さが神秘的に濃かった。まわりが断崖の火口壁で、氷雪にちりばめられたその壁が、日に輝いている美しさはこの世のものではなかった。

その夕方、この頂上だけを残してあとの世界は全部雲に埋められた。見渡す限り雲海につづく雲海であった。その雲の上に大きな富士の影が映った。荘厳そのものであった。」

新奇をてらった語句や表現はないが、落ち着いた言葉で、富士の珍らしい季節の、純粋な自然美を伝えたよい文章だ。本書の中で、この文章に出会う読者は幸いなり。これが『日本百名山』では全く出て来ない。このすぐ後に山頂からスキー大滑降のおまけまで付くのであるから余計この「氷雪の富士山頂」を描いた文章は光彩を放って見えるのである。

『日本百名山』は昭和四十年二月一日、第十六回読売文学賞(評論・伝記の部)を受賞した。選者の一人で戦前からの友人、小林秀雄の後押しも大きかったが、戦前から深田の文章を推賞していた小説家の林房雄が、前年の昭和三十九年の一年間担当した朝日新聞の文芸時評欄で絶賛したことも大きかったと思われる。

本書所収の文章「ペンよりも足の功」と「わが登山史の決算」は共に短章ながら、貴重な文章だ。その中で前記の二人と版元の編集者であった佐野英夫への感謝の言葉が述べられている。そこには、戦中戦後の長い雌伏の時代を耐えて来た者の喜びの声がほとばしっている。

『ヒマラヤの高峰』の周辺

前にも少し記したように、日本の山を書くことと、ヒマラヤの山々を書くことは、著述家としての深田久弥を大ならしめた二つの大きな車輪であり、どちらか一つが欠けるとその世界も存在し得ない。長い執筆活動の途上で著作物として結晶したのが『日本百名山』（昭和三十九年刊）であり、『ヒマラヤの高峰』（決定版・昭和四十七年刊）であった。

私は半世紀前の昭和四十一年の秋、九山山房（きゅうさん）（深田久弥の書斎の名）を訪れた日のことをよく覚えている。その年の夏、パキスタン側からヒンドゥ・クシュの主稜へ、日本人として始めて試登した際のスライド写真を深田宅へ多数持参した。そこには、ヒンドゥ・クシュの最高峰ティリチ・ミール、サラグラールやイストル・オ・ナールほかの七千メートル峰や無名の六千メートル峰が多く含まれ、「ヒマラヤの高峰」で採り上げる山座をヒンドゥ・クシュの山々にシフトし直そうとしていた深田をいたく喜ばせた。深田はその月に執筆中の「シャハーン・ドク」の後半を空けて、私と小田川兵吉ペアの行動を、新しい登山の領域を拓いたとして称揚してくれたのであった。

その日が深田久弥との初対面であったが、スライド上映が終わり、酒肴が出る頃には、すっかり寛いだ気分になった。床の間に加藤楸邨の、隠岐の海の旺んな怒濤の景を吟じた句（本書一六六ページの能登の句とは別の軸）が掲げてあった。楸邨の雄渾な筆致が印象的な、いい軸だった。

帰りに、もう終電に近い東松原の駅で電車を待っていると、私の名を呼んで深田が現われ、「これ忘れもの」と言って、コニャックを入れたスキットルのふたを渡してくれた。

着流しの裾をひるがえし、下駄の音を響かせ帰って行く深田の後姿を見送りながら、これからは、この人のために働かねばならぬと思った。ネパールの登山が禁止となる一方で、未登峰の多いヒンドゥ・クシュでは毎シーズン多くの初登頂が伝えられ、私の入ったパキスタンのチトラール地方へは、この年を境に毎年のように数十チームの登山隊（多くは三、四人の小登山隊）が繰り出す状況となり、深田は新しい、正確な情報を必要としていた。

しかし、そのこととは別に、その夜私は深田という懐の広い、大きなゆったりした人物に出会えたという、何とも言えぬ幸福感の中にいた。まるで父親のような存在だなと思ったものだ。

「ヒマラヤの高峰」はその後も、多くのヒマラヤ志願者の拠り所となり、バイブル的な存在となった。細かいことは省略する事にして、もう一つ記すべきことは、戦後の深田のヒマラヤ研究や著作の片腕として深田を支え続けた人、諏訪多（すわた）栄蔵の存在である。

戦前から諏訪多は、博覧強記のヒマラヤ研究家として知られ、深田がヒマラヤの著述に専念するに当っては、読むべき文献、地図の所在、外国隊の最新の登山のニュースを飽くこともなく、深田へ注入し続けた。黒衣（くろご）役に徹した諏訪多の支援なくして、深田のヒマラヤの著作はあり得なかった。

特に雑誌掲載時に深田の文中に添えられたヒマラヤの山座の山姿図と地図は、工業技術者としての専門性を生かした、厳密、正確なもので、深田の文章に一層の信頼感と具体性を付与した。克明なペン画による山姿図は手書きのまま、直接印刷に供せられた。

諏訪多へ書き送った深田の書簡は約百五十通に達し、そのうち百通は、諏訪多の晩年、私の手許に託された。その多くをかつて「岳人」誌に掲載したことがある。そこには戦後二十年（二人は昭和二十七年十月に鳥海山で初めて出会った）に及ぶ二人の友情と信頼が伝えられ、さらには年々変貌するヒマラヤ登山界の情報が満たされている。

避衆登山のこと

昭和の三十年代の半ば頃から、深田は「避衆登山」と呼ばれる山歩きに精を出すようになる。

この言葉の意味は読んで字の如し。皆の行くような混み合う山を避けて、自分たちだけの山を楽しむという程の意味である。

深田の場合、日本山岳会の先輩や同僚たちの中で、特に気の合った友を見い出し、四季の山行を存分に楽しんだ。藤島敏男、望月達夫、加藤泰安、川崎精雄などといった人々がその仲間である。本書のⅢ章「静かな山旅」の「ヘソまがり大人（たいじん）とともに」にその山行の模様が詳しく、ユーモラスに描かれている。「ヘソまがり大人」とは、先輩の藤島敏男のこと。藤島の息子の泰輔（当時の皇太子をモデルにした小説『孤独の人』で知られる）が、このヘソまがりで毒舌居士の親父さんを面白可笑しく描いたユーモア小説『ヘソまがり太平記』は有名である。

この文章で深田はたっぷり大人の毒舌（薬舌ともいう）ぶりを記しているが、思わず吹き出したくなる。文章は次のようにして終わるが、そこの所を少し引用してみる。

「少し私が山に遠ざかっていると、旅先の山の宿から「貴公どうした？　しっかりして貰いたい」などとハガキが来る。エスプリが鈍ると私は大人に会いに行く。ヘソまがり精神を砥石にして、私のエスプリを磨くためである。」

この文章の前に「雪解」と題する文章がある。やはり、ヘソまがり大人（文中では不二さんとしてある）と同行して吾妻連峰の最高峰、西吾妻山（二〇三五メートル）へスキー登山した折の紀行文である。いつもの不二さんの毒舌ぶりの描写を控えて、しっとりとした味わいの一篇。この辺りのスキー行の文章は少ないので一読をすすめたい。

さて、私はこうした山岳会の老童たちが、山の土産の写真などを見せ合ったり、次の計画を話し合ったりする土曜会の席に居合せることが多かった。右の人々の他に松方三郎、足立源一郎、山崎安治などの諸氏が一杯百円くらいのウイスキーのグラスを手に談笑する場面を実際に目撃している。場所は神田錦町にあった日本山岳会の談話室。当時の私は二十七、八歳、他のベテランたちは六十五歳から七十歳。ある人は近くの古書街で掘り出した本を語り、ある者はパイプ・スモーキングで無言の行。私などもも手入れの悪いパイプを藤島老に見つけられ、「折角のタン・シェルがこれでは泣いているよ。ちょっと貸したまえ」と言われ、パイプのカーボンを削ってもらったり、仕上げは、鼻の脂でピカピカに磨いてもらったりした。皆大いにクラブ・ライフを謳歌したものである。

深田を含め、右に名前を記した老童諸氏は全て今は黄泉（よみ）の人となった。この文章を書いていて久しぶりにその人々の面影を思い起したことだ。そして、それらの人々が一室に集まって談笑している図は、近代登山史の歴史を伝える一代の偉観でもあったのだと思う。

心より愛されし人

本書の終わりの方に「韃靼」と題する文章がある。この難かしい漢字は「ダッタン」とよみ、英語ではTartaryと呼ぶ。西欧の十六、七世紀頃の古い絵地図には、今の西域からロシアの沿海州あたり一帯をTartaryと記している。

深田の文章は、有名な安西冬衛の短詩の引用から始まる。

「――韃靼海峡を一匹のてふてふがわたつて行つた――

という詩の一行が早くから上田哲農さんを中央アジアに惹きつけたという。一匹の可憐な蝶が荒海の上へ飛び出して行くイメージも鮮烈だが、更に海峡の名前がそのイメージにふさわしい。（中略）韃靼という重っ苦しい字劃の中に、あの融通の利かない、しかし精悍な民族のおもかげが籠っているようである。」

そして、話は上田哲農のカフカズで想を得た「韃靼人」を描いた油絵に及ぶ。更に学生時代の山仲間にそう呼ばれた男がいた思い出を記す。

そして最も古い記憶として、築地小劇場で観たゴルキー（ゴーリキー）の「どん底」や、ボロージン（ボロディン）の歌劇「イゴール公（イーゴリ公）」が引き合いに出される。全てが深田の中の中央アジア、ダッタンに結びつけられるのである。そののち、中央アジア探検史上の名著に話が及び、次のように結論付けられる。

「日本人にとってはそれが韃靼である。そしてどんな言葉にもまして、韃靼という言葉には中央アジアらしい気分が溢れている。私はそう感じて、この漢字を深く愛している。」

これも又、深田久弥という人物のこだわり方、人生態度のよく伺われる文章だ。そう言えば、深田は故郷が加賀市という新しい名となっても、これを認めず、さいご迄「大聖寺」で押し通した人であった。

さいごのさいごになったが、本書の掉尾は「スタインの墓」という短いが心のこもった一種の名文で終わる。昭和四十一年に深田は数人の山仲間と共にヨーロッパから中近東を経てインドに至る大旅行をした。大部分は車による走行で移動、途中数ヶ所で登山もした。アフガニスタンのカーブルへ入ったのはジャスミンの花咲く五月。この街で第二次大戦末期に客死した大探検家のM・A・スタインの墓に詣でるのが、大きな目的であった。

スタインにまつわるいくつかのエピソードを記したのち、シャレ・ナウ（新市街の意）の一角にある外人墓地でスタインの墓を見つけ、その墓碑銘を書き取った。その銘は次の一行で終わっていた。即ち、

「心より愛されし人なり」

この一行について、深田は「この最後の「心より愛されし人なり」という言葉が、いかにもスタインの温厚な人柄を表わしている。終身彼は独身で通した」と記している。深田自身も又、男女を問わず誰からも「愛されし人」だったのだ。今、私の眼前

には、深田の温雅な濁りのない笑顔が浮かんで来る。そして又、故郷大聖寺の本光寺に建てられた深田久弥の墓碑の銘、「読み、歩き、書いた」を思い浮べるのである。

かりべ・さだお　一九三八年東京生まれ。ヒマラヤンクラブ、日本山岳会会員。六六年にヒンドゥ・クシュ山脈で日本人として初の登山活動を行なって以来、同山域の踏査を続ける。また歌人としての顔も持ち、「新アララギ」の代表を務める。主な著書に『岳書縦走』『山のひと山の本』『秘境ヒンドゥ・クシュの山と人』、編著に『ヒマラヤ山河誌』『ヒマラヤ名峰事典』、歌集に『氷河小吟』『わがヒマラヤ』などがある。

初出一覧

Ⅰ　山へのいざない

山と日本人　「時の法令」一九六〇年十二月三日号
山と私　「読売新聞」一九五七年七月十一日夕刊＊
初夏の山旅　「北国新聞」一九五二年六月七日夕刊
山の食べもの　「あじくりげ」八十七号（一九六三年八月）＊
夏の山　「石川新聞」一九四九年七月二十四日
山の話　「群像」一九五一年七月号
白い山　「ベースボールマガジン〈夏山案内〉」一九五九年六月号臨時増刊
山とスキー　「報知新聞」一九六二年十二月二十二日
春スキー　「報知新聞」一九六三年三月三十日
登山前後　「報知新聞」一九六三年十月二十五日

Ⅱ　私の名山

日本百名山　「山小屋」一九四〇年三月号～十二月号
混まない名山　「別冊文藝春秋」六十二号（一九五八年二月）
みちのくの山　『図説日本文化地理大系　十六巻〈東北Ⅱ〉』月報（一九六一年四月）
富士山　『山のＡＢＣ』（一九五九年十二月）
ピーク　『山のＡＢＣ　２』（一九六二年十二月）
ペンよりも足の功　「読売新聞」一九六五年二月六日夕刊
わが登山史の決算　「読売新聞」一九六五年五月三十日

Ⅲ　静かな山旅

雪渓　「北国新聞」一九五五年六月二十八日夕刊＊
旧道趣味　「山塊」一九四九年九月号
氷雪の富士山頂　「北国新聞」一九五六年一月二十四日
ある山頂　「北国新聞」一九六一年九月六日

上高地　『図説日本文化地理大系　九巻〈中部Ⅰ〉』月報（一九六三年二月）
北アルプスのローカル線　「アサヒグラフ」一九六三年七月一日号
立山と黒部　『ワイドカラー日本　八巻〈北陸〉』（一九七〇年六月）
三伏峠　「第二の所得」一九六二年八月号＊
蔵王　『山のＡＢＣ　２』（一九六二年十二月）
深山の秘湯　「旅」一九五四年十一月号＊
雪解　「ミセス」一九六九年三月号
ヘソまがり大人とともに　「週刊読売」一九六五年四月二十五日号
楽しかった日高　「北海道新聞」一九六二年八月十四日
四十年ぶりの甲武信岳　「報知新聞」一九六四年九月二十九日
名もなき山　「新潮」一九六七年三月号

Ⅳ　ふるさと今昔

わが故郷の山　「北国新聞」一九五九年七月五日
白山のみえる街　「旅」一九五三年一月号
未知の山・白山　「旅」一九六三年八月号
山中・山代　「自由国民・バイブル版第八集〈全国の温泉と風景旅行のバイブル〉」（一九五三年四月）＊
鴨料理　「あじくりげ」七十九号（一九六二年十二月）＊
ゴリ　「あじくりげ」百十二号（一九六五年九月）＊
金沢、人と町　『カラー旅　八巻〈能登と北陸〉』（一九六八年四月）
能登　「文芸」一九五一年四月号
春の岬　「メジカルビュー」一九六八年四月号

Ⅴ　東京暮らし

川　「労働文化」一九六〇年十二月号
自然なものが好き　「新潮」一九六五年九月号
野性の喪失　「自由」一九七〇年四月号
長命筋　「保健同人」一九六二年八月号
カンバ・カンバ　「毎日新聞」一九六六年一月二十二日夕刊＊
歌の思い出　「音楽の友」一九七〇年一月号

Ⅵ　登山の周辺

登山家という言葉　「報知新聞」一九六一年九月二十七日
老登山家　「報知新聞」一九六四年三月十八日
加えて百二十三歳の登山　「旅」一九六七年九月号
三角点　「週刊文春」一九六二年二月十二日号＊
十年一日のスタイル　「旅」一九五七年一月号
パラレル　「週刊文春」一九六二年二月十二日号＊
リュックザック　「報知新聞」一九六三年七月三十日
落石の恐怖　「別冊週刊サンケイ」一九五九年八月号＊
改悪名　「報知新聞」一九六三年九月七日
山の書物　「新刊展望」一九六四年七月十五日号
山と文学　「文芸公論」一九四九年九月号

Ⅶ　未知なる土地へ

ヒマラヤ熱　「毎日新聞」一九五五年八月二十八日＊
ヒマラヤの本　「新刊ニュース」一九五八年二月号＊
机上ヒマラヤニスト　「山日記の栞」一九五七年版＊
エヴェレストの記録　「毎日新聞」一九七〇年三月二十五日
ヒマラヤの地図　「報知新聞」一九六四年九月三日
探検の精神　「報知新聞」一九六三年六月十八日
未知を求めよ　「若い力」一九六九年三月号
冒険と夢の土地　「図書新聞」一九六三年十月二十六日号＊
アジアの大河　「読売新聞」一九六八年十月九日夕刊
韃靼　『山日記』一九七〇年版
スタインの墓　『世界の文化地理　四巻〈西南アジア〉』
付録「世界の手帳」（一九六六年九月）

底本

『名もなき山へ』二〇一四年九月　幻戯書房刊

文庫版での再刊にあたり、底本より二十篇を割愛し、新たに＊印の十六篇を追加しました。それにともない、掲載順序を一部入れ替えました。

* 本書は、雑誌・新聞などに発表された深田久弥氏の作品より、深田久弥名義の単行本および『深田久彌・山の文学全集』未収録の随想を集めた『名もなき山へ』を文庫化したものです。
* 「日本百名山（昭和十五年版）」のうち、高千穂峰、白山、岩手山の三篇は、本書の底本以後に刊行された『深田久弥選集　百名山紀行』に採用されましたが、例外として全篇を収録しました。
* 文字づかいや送り仮名は基本的に初出に従いましたが、著作権継承者の了承を得て山名や数字の表記を統一しました。
* 正字体、歴史的仮名づかいで掲載された作品は、新字体、現代仮名づかいに改めました。また、明らかな誤字や脱字は訂正し、難読と思われる漢字には振り仮名を補いました。
* 必要と思われる箇所には〔　〕で編註を加えました。
* 文中の山岳標高数値は執筆当時のもので、最新のデータと異なる箇所があります。現在は呼称の変っている地名や、合併によって消滅した市町村名なども、修正せずにそのままとしました。
* 今日の観点では不適切とされる語句が見受けられますが、執筆時の社会背景を尊重して原文どおり掲載しました。

深田久弥（ふかた・きゅうや）——一九〇三年三月十一日、石川県江沼郡大聖寺町（現加賀市）に生まれる。福井中学校、第一高等学校（ともに旧制）を経て、東京帝国大学文学部哲学科へ進学。在学中に出版社の改造社へ入社し、編集部員として勤務するかたわら、小説「津軽の野づら」を発表する。一九三〇年、「オロッコの娘」が注目を浴びたのを機に文学活動に専念。文壇きっての山好きとしても知られ、『わが山山』『山の幸』『山頂山麓』といった山の随筆集を刊行した。一九四四年、陸軍に応召して中国湖南省へ。復員後は次第に小説から離れ、山岳紀行文やヒマラヤ、シルク・ロード研究を中心に活躍。主な著書に『ヒマラヤ登攀史』『雲の上の道』『わが愛する山々』『山があるから』『瀟洒なる自然』『山頂の憩い』などがあるが、なかでも『日本百名山』（読売文学賞受賞）と『ヒマラヤの高峰』は不朽の名著として今なお高い評価を得ている。一九七一年三月二十一日、茅ヶ岳登山中に脳卒中のため急逝。享年六十八。

編集　藤田晋也、佐々木惣（山と溪谷社）

新編 名もなき山へ 深田久弥随想選

二〇二四年四月五日 初版第一刷発行

著者 深田久弥
発行人 川崎深雪
発行所 株式会社山と溪谷社
郵便番号 一〇一－〇〇五一
東京都千代田区神田神保町一丁目一〇五番地
https://www.yamakei.co.jp/

■乱丁・落丁、及び内容に関するお問合せ先
山と溪谷社自動応答サービス 電話〇三－六七四四－一九〇〇
受付時間／十一時～十六時（土日、祝日を除く）
メールもご利用ください。
【乱丁・落丁】service@yamakei.co.jp
【内容】info@yamakei.co.jp
■書店・取次様からのご注文先
山と溪谷社受注センター 電話〇四八－四五八－三四五五
ファックス〇四八－四二一－〇五一三
■書店・取次様からのご注文以外のお問合せ先
eigyo@yamakei.co.jp

本文フォーマットデザイン 岡本一宣デザイン事務所
印刷・製本 大日本印刷株式会社

定価はカバーに表示してあります

Printed in Japan ISBN978-4-635-04995-5